Contents

※本書掲載のデータは2019年7月現在のものです。店舗の移転、閉店、価格改定などにより実際と異なる場合があります

※本書掲載の電話番号は市外局番を含む番号です。なお、カナダの国番号は「1」です

カナダの国旗

左右の赤い部分は太平洋と大西洋を表し、中央のメイプルリーフ（サトウカエデ）がカナダを象徴する。赤と白は1921年に制定された国の色。1965年制定。2月15日は「国旗の日」（祝日ではない）。

カナダ基本情報

正 式 国 名	カナダ　Canada
面　　　　積	約9,984,670㎢（日本の約27倍、世界2位）
首　　　　都	オタワ　Ottawa
人　　　　口	約3,725万人（2019年現在）
政 治 体 制	立憲君主制（公式にはイギリス国王が国家元首。形式的にはカナダ提督がカナダ国王の代理を務め、実質的な首長は総選挙により選ばれる連邦政府の首相）
行 政 区 分	10の州（province）と3つの準州（territory）
産　　　　業	ブリティッシュコロンビア州は林業、アルバータ州は石油工業、オンタリオ州は鉱業
宗　　　　教	67.3%がキリスト教徒（約39%がローマ・カソリック）、約20%が無宗教（2011年カナダ統計局）
人　　　　種	ヨーロッパ系白人76.7%、黒人2.9%、先住民4.3%、アジア系12.4%、西アジア・アラブ系1.8%、ラテンアメリカ系1.2%、そのほか0.7%（2011年国勢調査）
公 用 語	英語、フランス語
通　　　　貨	カナダドル（$）（CAD）／$1=約82.5円（2019年7月現在）
日本との時差	17時間（日本が正午の時バンクーバーは前日の19時、サマータイム*時は16時間）

*3月の最終日曜日〜10月の最終土曜日

バンクーバー広域MAP

① Cypress Mountain
サイプレスマウンテン

Capilano Lake
キャピラノ湖

②

▲ Fromme Mountain
フロームマウンテン

● Grouse Mountain
グラウスマウンテン
[P.44]

A

99

West Vancouver
ウエストバンクーバー

● Capilano Suspension Bridge
キャピラノ吊り橋

Park Royal
パーク・ロイヤル
[P.124]

North Vancouver
ノースバンクーバー

● Lions Gate Bridge
ライオンズゲート橋

Burrard Inlet
バラード海峡

Stanley Park
スタンレーパーク
[P.24]

Vancouver Harbour
バンクーバー港

The Sylvia Hotel
ザ・シルビア・ホテル[P.132]

WCE

English Bay
イングリッシュ・ベイ
[P.104]

Vancouver
バンクーバー

E Hastings St

● PNE
ピー・エヌ・イー
(遊園地)
[P.122]

Museum of Anthropology
UBC人類学博物館
[P.107]

Sunset Beach
サンセット・ビーチ

Bosa Foods
ボーサ・フーズ
[P.59]

● Jericho Beach
ジェリコ・ビーチ
[P.106]

Kitsilano Beach
キツラノ・ビーチ
[P.105]

Commercial Dr

B

● The University of British Columbia
ブリティッシュコロンビア大学

99

● Pacific Spirit Regional Park
パシフィック・スピリット・リージョナル・パーク

Main St

Burnaby
バーナビー

VanDusen Botanical Garden
バンデューセン・ボタニカル・ガーデン
[P.95]

● Queen Elizabeth Park
エリザベス女王公園

Millennium Line

Expo Line

Canada Line

Fraser River
フレーザー川

● Mitchell Island
ミッチェル島

Fraser River
フレーザー川

Vancouver International Airport ✈
バンクーバー国際空港

Aberdeen Centre
アバディーンセンター

Fraser River
フレーザー川

Richmond
リッチモンド

91

● Kirin Restaurant
麒麟レストラン
[P.153]

99

C

Steveston
スティーブストン
[P.144]

N

0 ___ 5km

バンクーバー近郊MAP

● The Westin Bayshore
ウェスティン ベイショア

● Cardero's Restaurant
カルデロズ・レストラン

Coal Harbour Quay
コール・ハーバー・ベイ

Safeway
セーフウェイ
[P.58]

● **BC Liquor Store**
BCリカーストア

● **Starbucks**
スターバックス

Whole Foods Market
ホールフーズ・マーケット
[P.58]

● **1550Alberni**
1550アルバーニ (2021年完成予定)
[P.127]

Coal Harbour
コールハーバー
Urban Fare
アーバン・フェア
[P.58] ●

Consulate General of Japan ●
在バンクーバー日本国総領事館

バス240・241・242・246・247・250・253・254・257・258

バス19

The Listel Hotel
ザ・リステル・ホテル
[P.130]

Tableau Bar Bistro ●
タブロー・バー・ビストロ
[P.39]

Roedde House Museum ●
ロディ・ハウス博物館
[P.23]

Trump International Hotel & Tower Vancouver ●
トランプ・インターナショナルホテル・アンド・タワー・バンクーバー
[P.127]

● **Mott 32**
モット・サーティートゥー
[P.38]

Konbiniya Japan Centre ●
コンビニ屋 (日本食材・弁当)

● **BC Liquor Store**
BCリカーストア

West End
ウエストエンド

London Drugs
ロンドン・ドラッグ
[P.59]

Urban Fare
アーバンフェア
[P.57] ●

Camana Plaza
カーマナ・プラザ
[P.129]

Shangri-La Hotel Vancouver
シャングリ・ラ ホテル バンクーバー
[P.127]

Aritzia
アリッツィア
[P.33]

● **Saje Natural Wellness**
セージ・ナチュラル・ウェルネス
[P.30]

Starbucks
スターバックス

● **Aldo**
アルド [P.33]

Davids Tea ●
デイビッズ・ティー
[P.31]

Arc'teryx ●
アークテリクス
[P.32]

Lululemon
ルルレモン
[P.32]

Nelson Park
ネルソン・パーク

● **West End Farmers Market**
ウエストエンド・ファーマーズ・マーケット
土曜9:00～14:00
[P.57]

Faubourg
フォーボー

BC Liquor Store
BCリカーストア

Rainbow Crosswalk
● レインボー・クロスウォーク (横断歩道)

← Sunset Beach Park
サンセット・ビーチ・パーク

バス2・5・32・44

バス4・7・10
14・16・50

ロブソン・ストリートMAP

Granville Loop Park
↙ グランビル・ループ・パーク

❸　　　　　　　　　　　　　❹

Vancouver Harbour
バンクーバー港

0　　　　　　200m
N

Olympic Cauldron
オリンピック聖火台

Vancouer
バンクーバー

Jack Poole Plaza
ジャック・プール・プラザ
クリスマスマーケット会場P.73）

Vancouver Convention Centre West Building
バンクーバー・コンベンションセンター・西館

Port of Vancouver
ポート・オブ・バンクーバー

Canada Place
カナダ・プレイス

Canada Place
カナダ・プレイス

Fairmont Pacific Rim
フェアモント パシフィック リム
［P.126］

ℹ Tourism Vancouver Visitor Center
バンクーバー観光案内所

Waterfront
ウォーターフロント

Nightingale
ナイチンゲール
［P.36］

Fujiya Japanese Foods
フジヤ（日本食材・弁当）

Expo Line

Miku Restaurant
ミク・レストラン
［P.72］

バス5・19・44・50

Burrard Station
バラード駅

Canada Line

バス50

Waterfront Station
ウォーターフロント駅

Hyatt Regency Vancouver
ハイアットリージェンシー・バンクーバー

Sciué
シューエ
［P.35］

Starbucks
スターバックス

Victoria Chinese Restaurant
ビクトリア・チャイニーズ・レストラン
［P.35］

BC Liquor Store
BCリカーストア

Holt Renfrew
ホルト・レンフリュー
［P.56］

Starbucks
スターバックス

Steam Clock
蒸気時計

Water St

Vancouver Lookout
バンクーバー展望台

Fairmont Hotel Vancouver
フェアモント・ホテル・バンクーバー

Four Seasons Hotel
フォーシーズンズホテル

Timbertrain Coffee Roasters
ティンバートレイン・コーヒー・ロースターズ
［P.67］

Granville Station
グランビル駅

Woodward's
ウッドワーズ
［P.126］

パシフィック・センター
［P.57］

Downtown
ダウンタウン

Vancouver Art Gallery
バンクーバー・アート・ギャラリー
［P.26］

Cathedral Square
大聖堂広場

Revolver
リボルバー
［P.66］

Purebread
ピュアブレッド
［P.68］

Vancouver City Centre Station
バンクーバー・シティ・センター駅

Victory Square
勝利広場

TD Bank
TDバンク（日本語窓口あり）

バス4・7・210

Nordstrom
ノードストローム
［P.57］

Telus Garden
テラス・ガーデン

H-Mart
エイチ・マート
（スーパー）

Jinya Ramen Bar
陣屋ラーメンバー
［P.39］

Queen Elizabeth Theatre
クイーン・エリザベス・シアター

Downtown Farmers Market
ダウンタウン・ファーマーズ・マーケット
木曜15:00〜19:00
［P.57］

Orpheum Theatre
オルフェウム劇場
［P.28］

IGA
アイ・ジー・エー
（スーパー）

Vancouver Public Library
バンクーバー中央図書館

Stadium-Chinatown
スタジアム＝チャイナタウン駅

9

イエールタウンMAP

- **①**
- **②**
- **Ⓐ**
- **Ⓑ**

- The Dance Centre ダンスセンター[P.42]（トモ・ヨガ会場）
- Starbucks スターバックス
- Harbour Dance Centre ハーバー・ダンス・センター [P.35]
- Starbucks スターバックス
- Vancouver Public Library バンクーバー中央図書館
- Level Furnished Living レベル・ファーニッシュド・リビング [P.134]
- Contemporary Art Gallery コンテンポラリー・アートギャラリー [P.47]
- Red Racer Taphouse レッドレーサー・タップハウス [P.121]
- Starbucks スターバックス
- Starbucks スターバックス
- Vancity Theatre バンシティ・シアター（映画館）
- Kostuik Gallery コストゥーイク・ギャラリー [P.48]
- Terry Fox Statue テリー・フォックス像
- Emery Barnes Park エモリー・バーンズ・パーク
- Small Victory スモール・ビクトリー [P.51]
- BC Place Stadium BCプレイス・スタジアム [P.54]
- Barking Babies バーキング・ベイビーズ [P.50]
- Nuba ヌゥーバ [P.71]
- Yaletown イエールタウン
- Choice Markets チョイス・マーケッツ（スーパー）
- Yaletown Brewing Company イエールタウン・ブリューイング・カンパニー [P.53]
- The Cross Décor & Design ザ・クロス・デコ・アンド・デザイン [P.49]
- Starbucks スターバックス
- Ⓜ Yaletown-Roundhouse Station イエールタウン・ラウンドハウス駅
- Rodney's Oyster House ロドニーズ・オイスターハウス [P.52]
- BC Liquor Store BCリカーストア
- Urban Fare アーバンフェア（スーパー）
- Vancouver House バンクーバー・ハウス [P.127]
- Starbucks スターバックス
- Coopers' Park クーパーズ・パーク
- George Wainborn Park ジョージ・ウェイン・パーク [P.42]（7〜8月トモ・ヨガ会場）
- David Lam Park デイビッド・ラム・パーク
- Cambie Bridge キャンビー橋
- False Creek フォールス・クリーク
- 0 — 200m

ギャスタウンMAP

- **①**
- **②**
- **Ⓒ**

- Miku Restaurant ミク・レストラン [P.72]
- ヘリポート
- Ⓜ Waterfront Station ウォーターフロント駅
- Starbucks スターバックス
- Timbertrain Coffee Roasters ティンバートレイン・コーヒー・ロースター [P.67]
- CRAB Park at Portside クラブ・パーク・アット・ポートサイド
- Belgard Kitchen ベルガード・キッチン
- Starbucks スターバックス
- Steam Clock 蒸気時計
- Örling & Wu オーリング・ウー [P.63]
- Coquille Fine Seafood Restaurant コキーユ・ファイン・シーフード・レストラン [P.69]
- Vancouver Urban Winery バンクーバー・アーバン・ワイナリー
- Vancouver Lookout バンクーバー展望台
- Starbucks スターバックス
- Revolver リボルバー [P.66]
- Litchfield リッチフィールド [P.62]
- Gastown ギャスタウン
- Gassy Jack Statue ギャシー・ジャック像
- Nuba ヌゥーバ [P.71]
- Tacofino Taco Bar タコフィノ・タコ・バー [P.70]
- Victory Square 勝利広場
- Vancouver Police Museum バンクーバー市警察博物館 [P.61]
- Firehall Arts Centre ファイヤーホール・アーツセンター
- Purebread ピュアブレッド [P.68]
- Woodward's ウッドワーズ [P.126]
- London Drugs ロンドン・ドラッグ [P.59]
- Vancouver Chinatown Millennium Gate 中華門
- Ⓜ Stadium-Chinatown スタジアム＝チャイナタウン駅
- Dr. Sun Yat-Sen Classical Chinese Garden 孫文中国庭園（中山公園）
- Starbucks スターバックス
- 0 — 200m

　歴史保存地区　　治安の悪いエリア

サウスグランビルMAP

①

Granville Loop Park
グランビル・ループ・パーク

99

Beaucoup Bakery & Cafe
ボクー・ベーカリー・アンド・カフェ
[P.92]

Heather Ross
ヘザー・ロス
[P.90]

Kazuko Yoga
和子ヨガ(日本空手道・糸真会道場)
[P.35]

Café Salade de Fruits
カフェ・サラダ・デ・フルーツ
[P.93]

Starbucks
スターバックス

② False Creek
フォールス・クリーク

Lameys Mill Rd
ラミーズ・ミル・ロード

バス50
バス84

A

Starbucks
スターバックス

Indigo
インディゴ(書店)

Starbucks
スターバックス

South Granville
サウスグランビル

Vij's Rangoli
ビジーズ・ランゴーリ
[P.94]

Stanley Industrial Alliance Stage
スタンレー・インダストリアル・アライアンス・ステージ(劇場)

Bacci's
バチーズ
[P.89]

Pacific Theatre
パシフィック・シアター

B

Pottery Barn Kids
ポッタリー・バーン・キッズ
[P.91]

Granville Park
グランビル・パーク

Bau-Xi Gallery
ボージ・ギャラリー

Meinhardt
メインハルド
[P.59]

Small Victory
スモール・ビクトリー
[P.59]

ウエスト12thアベニュー

N

0   200m

キツラノMAP

①

0   500m

Hadden Park Dog Beach
ハッデン・パーク・ドッグ・ビーチ
[P.105]

② Downtown
ダウンタウン

Kitsilano Beach
キツラノビーチ
[P.105]

Vancouver Maritime Museum
バンクーバー海洋博物館

Starbucks
スターバックス

The Boathouse Restaurant
ザ・ボートハウス・レストラン
[P.105]

Museum of Vancouver
バンクーバー博物館

Davids Tea
デイビッズ・ティー
[P.31]

Zulu Records
ズール・レコード
[P.99]

Burrard Bridge
バラード橋

Arc'teryx
アークテリクス
[P.32]

Rain or Shine Ice Cream
レイン・オア・シャイン・アイスクリーム
[P.101]

Kitsilano Pool
キツラノ・プール

C

Whole Foods Market
ホールフーズ・マーケット
[P.58]

Kitsilano
キツラノ

Granville Island
グランビル・アイランド
[P.74]

Granville Bridge
グランビル橋

Safeway
セーフウェイ
[P.58]

Lululemon
ルルレモン
[P.32]

Tractor
トラクター
[P.101]

Starbucks
スターバックス

Starbucks
スターバックス

Au Comptoir
オ・コンプトワール
[P.103]

Their There
ゼア・ゼア
[P.102]

Ryu
リュー
[P.100]

Starbucks
スターバックス

Kits Wings
キッツ・ウイングズ(壁画)

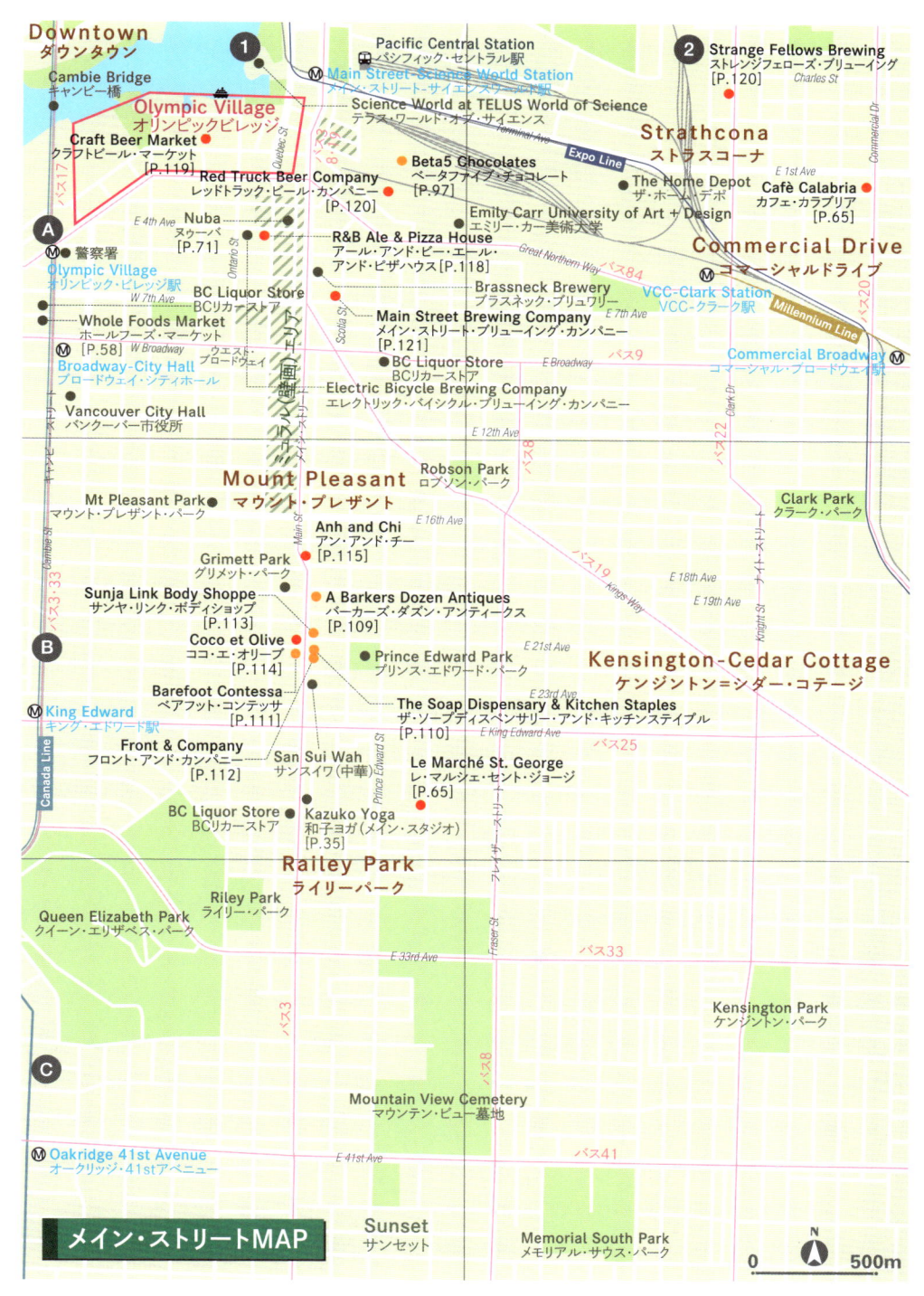

Downtown
ダウンタウン

Pacific Central Station
パシフィック・セントラル駅

Main Street-Science World Station
メイン・ストリート・サイエンスワールド駅

Cambie Bridge
キャンビー橋

Olympic Village
オリンピックビレッジ

Science World at TELUS World of Science
テラス・ワールド・オブ・サイエンス

Craft Beer Market
クラフトビール・マーケット
[P.119]

Beta5 Chocolates
ベータファイブ・チョコレート
[P.97]

Red Truck Beer Company
レッドトラック・ビール・カンパニー
[P.120]

Nuba
ヌーバ
[P.71]

Emily Carr University of Art + Design
エミリー・カー美術大学

R&B Ale & Pizza House
アール・アンド・ビー・エール・
アンド・ピザハウス [P.118]

BC Liquor Store
BCリカーストア

Brassneck Brewery
ブラスネック・ブリュワリー

Main Street Brewing Company
メイン・ストリート・ブリューイング・カンパニー
[P.121]

Whole Foods Market
ホールフーズ・マーケット
[P.58]

Broadway-City Hall
ブロードウェイ・シティホール

BC Liquor Store
BCリカーストア

Electric Bicycle Brewing Company
エレクトリック・バイシクル・ブリューイング・カンパニー

Vancouver City Hall
バンクーバー市役所

Strathcona
ストラスコーナ

Strange Fellows Brewing
ストレンジフェローズ・ブリューイング
[P.120]

The Home Depot
ザ・ホーム・デポ

Cafè Calabria
カフェ・カラブリア
[P.65]

Commercial Drive
コマーシャルドライブ

VCC-Clark Station
VCC-クラーク駅

Commercial Broadway
コマーシャル・ブロードウェイ駅

Mount Pleasant
マウント・プレザント

Robson Park
ロブソン・パーク

Mt Pleasant Park
マウント・プレザント・パーク

Anh and Chi
アン・アンド・チー
[P.115]

Clark Park
クラーク・パーク

Grimett Park
グリメット・パーク

Sunja Link Body Shoppe
サンヤ・リンク・ボディショップ
[P.113]

A Barkers Dozen Antiques
バーカーズ・ダズン・アンティークス
[P.109]

Kensington-Cedar Cottage
ケンジントン＝シダー・コテージ

Coco et Olive
ココ・エ・オリーブ
[P.114]

Prince Edward Park
プリンス・エドワード・パーク

King Edward
キング・エドワード駅

Barefoot Contessa
ベアフット・コンテッサ
[P.111]

The Soap Dispensary & Kitchen Staples
ザ・ソープディスペンサリー・アンド・キッチンステイプル
[P.110]

Front & Company
フロント・アンド・カンパニー
[P.112]

San Sui Wah
サンスイワ(中華)

Le Marché St. George
レ・マルシェ・セント・ジョージ
[P.65]

BC Liquor Store
BCリカーストア

Kazuko Yoga
和子ヨガ(メイン・スタジオ)
[P.35]

Railey Park
ライリーパーク

Riley Park
ライリー・パーク

Queen Elizabeth Park
クイーン・エリザベス・パーク

Kensington Park
ケンジントン・パーク

Oakridge 41st Avenue
オークリッジ・41stアベニュー

Sunset
サンセット

Mountain View Cemetery
マウンテン・ビュー墓地

Memorial South Park
メモリアル・サウス・パーク

メイン・ストリートMAP

0 — 500m

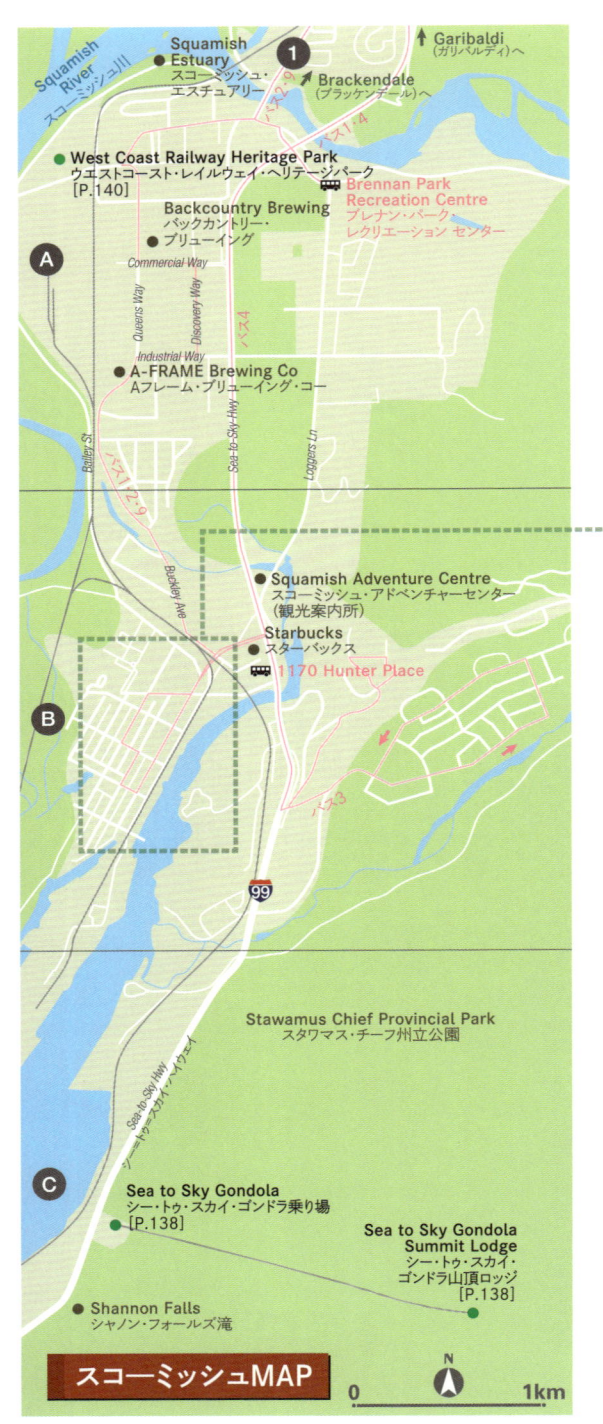

1

Squamish Estuary
スコーミッシュ・エスチュアリー

↑ Garibaldi
(ガリバルディ)へ

Brackendale
(ブラッケンデール)へ

● West Coast Railway Heritage Park
ウェストコースト・レイルウェイ・ヘリテージパーク
[P.140]

Backcountry Brewing
バックカントリー・ブリューイング

Brennan Park Recreation Centre
ブレナン・パーク・レクリエーション センター

Commercial Way

Queens Way

Discovery Way

A

Industrial Way

● A-FRAME Brewing Co
Aフレーム・ブリューイング・コー

Sea-to-Sky Hwy

Loggers Ln

Bailey St

Buckley Ave

● Squamish Adventure Centre
スコーミッシュ・アドベンチャーセンター
(観光案内所)

Starbucks
● スターバックス

🚌 1170 Hunter Place

B

99

Stawamus Chief Provincial Park
スタワマス・チーフ州立公園

Sea to Sky Hwy
シー・トゥ・スカイ・ハイウェイ

C

● Sea to Sky Gondola
シー・トゥ・スカイ・ゴンドラ乗り場
[P.138]

Sea to Sky Gondola Summit Lodge
シー・トゥ・スカイ・ゴンドラ山頂ロッジ [P.138]

● Shannon Falls
シャノン・フォールズ滝

スコーミッシュMAP

0 ——— 1km

N

Squamish River
スコーミッシュ川

2

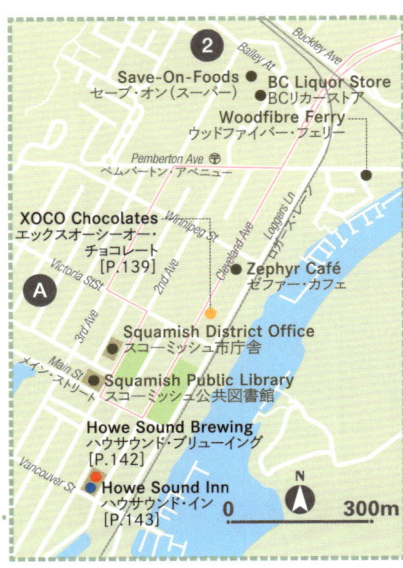

Bailey At

Buckley Ave

● Save-On-Foods
セーブ・オン(スーパー)

● BC Liquor Store
BCリカーストア

Woodfibre Ferry
ウッドファイバー・フェリー

Pemberton Ave
ペムバートン・アベニュー

XOCO Chocolates
エックスオーシーオー・チョコレート
[P.139]

Winnipeg St

Cleveland Ave

Loggers Ln

Victoria St

2nd Ave

● Zephyr Café
ゼファー・カフェ

A

3rd Ave

Main St
メイン・ストリート

● Squamish District Office
スコーミッシュ市庁舎

● Squamish Public Library
スコーミッシュ公共図書館

Vancouver St

Howe Sound Brewing
ハウサウンド・ブリューイング
[P.142]

● Howe Sound Inn
ハウサウンド・イン
[P.143]

N

0 ——— 300m

©Tourism Squamish

スティーブストンMAP

- Scout & Co / スカウト・アンド・コー [P.148]
- Nikaido / ニカイドー [P.149]
- Steveston Tram / スティーブストン・トラム
- Steveston Community Centre / スティーブストン・コミュニティ・センター
- 警察署
- Steveston Museum / スティーブストン・ミュージアム
- Garry Point Park / ガリー・ポイント・パーク
- Outpost Mini Donut Company / アウトポスト・ミニドーナツ・カンパニー [P.150]
- Prickly Pear Garden Centre / プリックリー・ペア・ガーデン・センター
- Starbucks / スターバックス
- Chinese Bunkhouse / チャイニーズ・バンクハウス
- Gulf of Georgia Cannery / ガルフ・オブ・ジョージア・キャナリー [P.146]
- Blue Canoe Waterfront Restaurant / ブルー・カヌー・ウォーターフロント・レストラン [P.152]
- Britannia Shipyards / ブリタニア造船所
- Britannia Brewing / ブリタニア・ブリューイング [P.151]
- Murakami House / 村上音吉氏旧邸
- Dave's Fish & Chips / デイブズ・フィッシュ・アンド・チップス
- Steveston Harbour / スティーブストン港
- Steveston Waterfront / スティーブストン・ウォーターフロント
- Shady Island / シェイディ島
- Seine Net Loft / セーヌ・ネットロフト（地引網置き場）

Eastbound Chatham St @ 4th Ave
バス407

フォートラングレーMAP

- Lelem Cafe / レレム・カフェ
- Rail & River Bistro / レイス・アンド・リバー・ビストロ
- Fort Pub & Grill / フォート・パブ・アンド・グリル
- Trinity Western House / トリニティ・ウエスタン・ハウス
- Fraser River / フレーザー川
- CNR Station / カナダ国鉄旧駅舎
- Wendel's Bookstore and Cafe / ウェンデルズ・ブックストア・アンド・カフェ
- Village Antiques Mall / ヴィレッジ・アンティーク・モール [P.156]
- In to Chocolate Candy & Confections / イン・トゥ・チョコレート・キャンディ・アンド・コンフェクションズ [P.160]
- TAP / タップ [P.158]
- Maven Fort Langley / メイベン・フォートラングレー [P.159]
- Sabà Café and Bistro / サバ・カフェ・アンド・ビストロ [P.162]
- Republica Coffee Roasters / レパブリカ・コーヒー・ロースターズ
- VIA鉄道
- Fort Langley Community Hall / フォートラングレー・コミュニティ・ホール
- Pop Up Park / ポップ・アップ・パーク
- Livingroom / リビングルーム [P.157]
- Fort Langley National Historic Site of Canada / フォートラングレー国立歴史地区
- Trading Post Eatery / トレーディングポスト・イータリー [P.163]
- Langley Centennial Museum / ラングレー100年ミュージアム
- Cranberries Naturally / クランベリーズ・ナチュラリー [P.159]
- BC Farm Museum / BCファーム・ミュージアム
- Little White House & Co / リトル・ホワイト・ハウス・アンド・コー [P.161]
- BC Liquor Store / BCリカーストア
- Veggie Bob's Kitchen Cafe / ベジー・ボブズ・キッチン・カフェ

Vancouver Walk Around

バンクーバー街歩き

Vancouver
[バンクーバー]

スタンレーパークとヨットハーバーの爽やかな景観。

人にも自然にも寛容な都市

BC州の南西に位置するバンクーバーは、パリとほぼ同じ115㎢の面積に約64万人が暮らす、カナダ第3の都市。2010年冬季オリンピックの開催地としても知られています。州都ビクトリアは、太平洋とつながるバラード海峡の向こうに浮かぶ、九州に近い大きさのバンクーバー島（31,285 km²）にあります。

バンクーバーは街のなかにも自然があふれていて、ダウンタウンのスタンレーパークの森はもとより、高層ビル群のすぐそばに砂浜、北を見れば雪を抱いた山々が連なり、大自然が生活と共存しています。住宅地も緑が多く、秋は木々が紅葉し、赤や黄色の落ち葉を踏みしめる散歩が楽しくなる季節。冬は東京ぐらいの寒さで、春は桜やハナミズキなどの樹花が街角を彩ります。夏の日没が22時近くで、アフターファイブはビーチへと繰り出し、街全体が遊び気分で浮き立ちます。

また移民の街ゆえにあらゆる差別を撤廃することに力を注ぎ、LGBTQ人口がカナダ西部でもっとも多く、同性婚は2003年から法的に認められています。マリファナも解禁されるほど自由な街ですが、反面その自由を守るために、人々の間の公共でのマナーがしっかりと根付いています。それが多くの移民が共存共栄していくための暗黙のルールなのかもしれません。

1 毎年8月に行われる「プライド・パレード」には市長や警察、銀行も参加する。**2** バンクーバーっ子はお天気さえ良ければ屋外でのんびり過ごす。

はじめに

　青く高い空、おだやかな海、雄大な山々が街のどこからでも眺められる、大自然に恵まれた都市バンクーバー。カナダ第3の都市でありながら、ここに住む人々は大らかで、素朴で、決して無理をしなくて、いつもマイペース。ストレスフリーなこの街は外から来た人々さえもいつの間にか癒やしてくれる、人にやさしい環境があります。

　リトリートという言葉をご存知ですか？ 忙しい日々からいったん逃れ、のんびりとした自分の時間を持ち、癒やされ、リフレッシュして戻っていく。バンクーバーはまさしくリトリートにぴったりの街だと私は思うのです。

　さらに、バンクーバーの郊外も魅力がいっぱ

いで、北へ向かえば眼前にそびえ立つシー・トゥー・スカイ地方の山々とエメラルドグリーンに輝くフィヨルド。南へ行けば目の前に広がる大きな海とのんびりとした漁師町、内陸に入ると絵画のような高く青い空と牧歌的な田園風景がどこまでも続き、心身ともに癒やされます。

　観光スポットにしばられず、自分のペースで気の向くままに自由に街歩きをしてみてください。この本では私のお気に入りスポットをめいっぱい詰め込みました。

　バンクーバーでふと誰かと目が合ったら、軽く微笑んでみてください。カナディアンならきっと素敵な微笑みがえしをしてくれますよ！

グリーンシティで癒しの休日

バンクーバーへ

VANCOUVER

村上典子

JN194791

Area Guide

BC州の地方行政区であるメトロバンクーバーは21の自治体とひとつの選挙区で成り立っていますが、ここではバンクーバー市のいくつかのエリアと、周辺の市をご紹介します。

Vancouver
[バンクーバー市]

Downtown
ダウンタウン

バンクーバーの経済、商業の中心地。北と南が入り江と河口、西側はスタンレーパークの森に接しており小さな半島のような形をしています。高層ビル群の上層階の多くはコンドミニアム（住居）で大型ホテルもこの狭い地域に集中。近年はIT関係の進出もめざましく、まさにビジネスと経済と観光業が渾然一体に。イエールタウン（P.46）やギャスタウン（P.60）、ロブソン・ストリート（P.22）もこのエリア。

West Side
ウエストサイド

ダウンタウンからフォールス・クリークを挟んだ南側の住宅地および商業地域。いちばん西側にはブリティッシュコロンビア大学（UBC）があり、その手前にはUBCの大きな森。ダウンタウンとバンクーバーのウエストサイドを結んでいる橋は西からバラード橋、グランビル橋、キャンビー橋の3本。キツラノ（P.98）はバラード橋のたもと、サウスグランビル（P.88）はグランビル橋のたもとです。

East Side
イーストサイド

バンクーバー市の東側の下町っぽい庶民的で広域な地域で、メイン・ストリート（P.108）はイーストサイドの大きな通りのひとつ。イタリア系移民の多いコマーシャル・ドライブや、インド系の人々が多いパンジャビ・マーケット地域など国際色豊かです。ダウンタウンの東側にはチャイナタウンがありますが、そこは治安のとても悪いヘイスティングス・ストリートと隣接しているので要注意！

West Vancouver
[ウエストバンクーバー市]

スタンレーパーク北のライオンズゲート橋を渡った左手の丘陵地帯。この一帯はバンクーバーのショーネシー地区に次ぐ高級住宅地で、一軒の家の面積が大きいのが特徴。カナディアンの高齢者夫婦が多く住んでいます。この住宅地のお膝元にあるのがパークロイヤル・ショッピングモール（P.56）。スコーミッシュ（P.136）やウィスラーへ向かう際に通ります。

North Vancouver
[ノースバンクーバー市]

バンクーバーの対岸の市で、北にグラウスマウンテン（P.44）があります。この一帯はアラブ系の人々が多く住み、たまに熊も出没する大自然がすぐそばの緑あふれる住宅地域です。ノースバンクーバーはシーバス乗り場の周辺が繁華街で、近年開発がどんどん進んでいます。ダウンタウンのウォーターフロント駅からシーバスフェリーに15分ほどでアクセスできます。

Burnaby
[バーナビー市]

バンクーバーの東隣の市。バーナビーの中心部メトロタウンには大型ショッピングモールがあります。このメトロタウンの開発もどんどん進んでいて、高層コンドミニアムが立ち並んでいて。日本人を含め、韓国、ベトナム、インドなどアジア系とカナディアンがまんべんなく住んでいます。PNE（P.122）はバンクーバーとバーナビーの境界に位置します。

Richmond
[リッチモンド市]

バンクーバー国際空港のあるシー島とフレーザー川を挟んで隣接する市。約10万人の中国系移民が住んでいて、中華料理店のレベルは北米でもトップクラスです。香港が中国に返還される前は香港系チャイニーズが多く住んでいましたが、近年は中国本土、及び台湾系の移民が増えました。街の中心には中国系大型ショッピングモール「アバディーンセンター」があり、漢方薬の店や中国製の衣料品店、最上階のフードコートも中華B級グルメが多く出店しています。このエリアはヨーロッパの高級車がたくさん走っているのも特徴。南端にある漁師町がスティーブストン（P.144）です。

バンクーバー市の歴史的建造物には壁にこのエンブレムが付いているので探してみて。

Vancouver *1* week model plan

バンクーバー1週間
モデルプラン

自然に囲まれてのんびりと暮らすように過ごすバンクーバー。旅の計画はどうまわろうか迷ってしまうものですが、ここでは1週間のおすすめプランをご紹介します！

Enjoy Vancouver!

©Ed Bierman

DAY *1*

　バンクーバー国際空港に降り立つと、いくつものネイティブアートが一気にカナダ気分に盛り上げてくれます。世界の空港ランキングで10年連続北米第1位（英SKYTRAX誌）に輝くほど環境に配慮し、設備やサービスも整っていて快適です。

　早速スカイトレインのカナダラインやタクシーで市内へ。宿泊施設へチェックインし、フロントで無料のマップをもらって、近所のレストラン情報などを聞いて地図に書き込んでおくと便利。荷物を置いたら、周辺を散策しながら近くのスーパーマーケット（P.58）へ朝食の材料を買い出しに。

　夕食はギャスタウン（P.60）かイエールタウン（P.46）がおすすめ。アフター・ファイブのカナディアンたちをウォッチングするのも楽しいですよ。

©JadeStone

1 バンクーバー国際空港にある長さ4m×高さ4mのブロンズ像「ハイダグワイの精霊 翡翠のカヌー」（ビル・リード作）。 2 ホテルに荷物を置いたら、早速街の散策へ！ 3 スーパーではサンドイッチやお惣菜も買える。 4 初日の夜は素敵なレストランで乾杯！

DAY 2

　朝食後はスタンレーパーク（P.24）のお散歩へ。シーウォール（遊歩道）に沿って歩くのも気持ちよいし、パーク内のバンクーバー水族館も興味深くておすすめ。ランチは、バラード海峡を一望しながら食事を楽しめるイングリッシュ・ベイのカクタスクラブ・カフェ（P.104）や、窓越しに海を眺めるシルビア・ホテル（P.132）1階のレストランバーで。

　お腹を満たしたら、高さ168mからバンクーバーを見渡せるハーバーセンターの展望台、バンクーバー・ルックアウトへ（日本語の無料ツアーもあり）。ショッピングなら、フォーシーズンズホテルやノードストロームと直結のパシフィックセンター（P.59）へ。H&MやAmerican Eagleなど100店舗以上が入っており、日本にあるブランドもカナダならではの商品展開は要チェックです（入り口すぐにコーヒースタンドあり）。モールそばのバンクーバー・アートギャラリー（P.26）でゆっくりと芸術鑑賞も素敵です。休憩はギャラリーカフェや建物の西側のHornby St沿いのフレンチカフェ「Faubourg」がおすすめ。

　夜は治安も良くレストランも多いダウンタウンへ。夏は日没が22時近くなので、夕食後にウォーターフロントを散歩するのも気持ちよいです。

©Destination BC／Kezia Nathe

⑤スタンレーパーク入り口近くにあるトーテムポールは写真スポット。⑥スタンレーパークを1周歩いてイングリッシュ・ベイへ。⑦バンクーバー・ルックアウトの展望台から景色を堪能。⑧アートギャラリー周辺はランチタイムになるとフードトラック屋台も集まる。⑨ダウンタウンのナイチンゲール（P.38）は私の大好きなレストラン。⑩バンクーバールックアウトのチケット（大人$18）は1日有効なので夕暮れ時に再入場してサンセットを見るのもステキ。

©GoToVan

©Harbour Dance Centre

DAY 3

　ヘルスコンシャスな街ならではのエクササイズ（P.34）はいかがでしょう？　クラスをチェックして気軽にドロップイン！　運動をしてすっきりしたら、Hornby Stの南の端の船着き場からアクアバスでグラアンビルアイランド（P.74）へ。ランチのおすすめはBC州の食材が味わえるエディブ

ル・カナダ（P.84）。BC州のワインも楽しめます。腹ごなしがてらグランビルアイランドを散策してはいかが？　キッチンのある宿泊施設なら、パブリックマーケットで食材を調達して、部屋で軽く調理してお食事するのもいいですね。

■1 ハーバーダンスセンターはダウンタウンにあるのでアクセスが簡単。■2 半日遊べるグランビルアイランド。■3 エディブル・カナダでランチはいかが？■4 グランビルアイランドのパブリックマーケットには新鮮な果物や野菜が並ぶ。

DAY 4

　バンクーバー滞在の折り返し日は日帰りで遠出をしてみませんか？　カナダの大自然、山々とフィヨルドの美しい景色を楽しみたかったらスコーミッシュ（P.136）へ。開拓時代面影を残すカントリーでかわいい田舎町を散策したかったらフォートラングレー（P.154）へ。

■5 フォートラングレーのCNR旧駅舎は町の真んなかにある。■6 スコーミッシュのシー・トゥ・スカイゴンドラの山の頂からフィヨルドを展望できる。

DAY 5

　旅ももう後半。バンクーバーに慣れてきたら、ヘルスコンシャスな地域キツラノ（P.98）へ！　ダウンタウンからバス（2・4・7・32番など）、もしくは、バラード橋を歩いて渡るのもほどよい運動になります。橋の中央から入り江を挟んで片側にダウンタウンの高層ビル群、反対側は緑あふれるキツラノ・ビーチ（P.105）が見え、素晴らしい景色が堪能できる撮影スポットです。キツラノ・ビーチでは遊歩道をゆったり散歩して、4th Aveでショッピングを楽しんで。ランチはフレンチビストロ「オ・コンポトワール」（P.103）などでぜひ。

　午後はバラード湾内を1時間でまわるクルーズ（P.43）へ。ディナーも含まれているのは午後7時出航のサンセットクルーズ。夕日に染まるバンクーバー港をゆったり2時間半かけてまわるロマンティックなコースです。または、マウント・プレザント地区のブリュワリーめぐり（ブリュワリー・ツアーもあり）もイチオシです！

7 バスを降りればキツラノ・ビーチの景色が眼前に！ 8 キツラノのショッピングエリアは東に向かってなだらかな下り坂にある。 9 遊覧船はスタンレーパーク近くから気軽に乗れる。

DAY 6

　いよいよ明日は帰国。午前中はスタンレーパークをランニング（P.42）してはいかがでしょう？　緑あふれる木陰を走りながら美しい風景を満喫できます。午後はレトロな港町、スティーブストンへ。ランチは途中に通るリッチモンドの「麒麟レストラン」（P.153）で、本格的な飲茶を堪能。

　最後の夜はゆっくりとおしゃれなレストランでディナーを。もしくは荷づくりを終わらせてからティンバー（P.131）などのパブでクラフトビールを片手に夜食を楽しんで。

DAY 7

　帰国の日。午前中に時間があればダウンタウン南側のイングリッシュ・ベイか北側のシーウォールで最後の散歩を。美しいバンクーバーの海と山の景色を思い出に空港へ！出国の際も、ネイティブアートや巨大水槽など空港内も楽しめます。

10 レトロでチャーミングな港町、スティーブストン。©Tourism Richmond 11 最終日の夜なのでちょっと豪華なディナーはいかが？

ダウンタウンから空港までは渋滞がなければ35分前後。

街歩きのスタートはこの通りから

Robson St

[ロブソン・ストリート周辺]

ダウンタウンの目抜き通り。スタンレーパークそばのWest End（ウエストエンド）から東側のBCプレイス・スタジアムまでの約2.5km（徒歩約30分）の道路の両側には店舗、飲食店、ホテルなどが並んでいます。

約10年前にこの通りと並行するAlberni St（アルバーニ・ストリート）にシャングリ・ラ・ホテルがオープンし、その周辺にティファニーやプラダなど高級ブランドショップやレストランが続々とオープン。Burrard St（バラード・ストリート）の交差点を北へ少し行くと1939年創業のフェアモント・ホテル・バンクーバーがあります。歴史あるホテルなので時間があれば覗いてみてください。

また、W Georgia St（ウエスト・ジョージア・ストリート）とHowe St（ハウ・ストリート）の交差点の北東の角にあるのは、おすすめのショッピングモール「パシフィック・センター」（P.57）。Homer St（ホーマー・ストリート）との角にある、ローマのコロッセオをモチーフにした外観のバンクーバー中央図書館は、学生たちの交流の場となっています。高い吹き抜けのエントランスホールにカフェやショップが並んでいるほか、9階には屋上庭園もあります。

イスラエル生まれの建築家モシェ・サフディの設計によるバンクーバー中央図書館。©Tourism Vancouver/Nelson Mouellic

緑の屋根のフェアモント・ホテル・バンクーバーは、ダウンタウンのランドマーク。

美術館の前のこのあたりは歩行者天国になっている。

ダイニングルームはお祝いごとなど特別な日の家族の食事やお天気が悪い日に過ごす部屋。

Roedde House Museum

[ロディ・ハウス博物館]

指定歴史建造物の小さな一軒家博物館

　ダウンタウンの西の端、ウエストエンド地区にある小さな博物館。ドイツからアメリカを経由して、1888年にバンクーバーへ移民してきた一家が製本業で成功して建てた一軒家を当時のままに保存・公開しています。

　玄関の横の呼び鈴を押すと、ボランティアスタッフがドアを開けて迎えてくれます。館内をひと部屋ずつ英語で案内してくれますが、各部屋にある日本語の解説を読みながら見学することもできます。居間、ダイニングルームやキッチン、ベッドルームには当時使われていた家具や小物、衣装が展示されていて、まるで映画のセットのよう。いつの間にかタイムスリップしたようにロディ一家の生活に思いを馳せてみてください。とくにキッチンは当時の台所用品や洗濯機らしきものなどめずらしい道具も多く、一見の価値あり。

1415 Barclay St, Vancouver
☎ (604) 684-7040
🕐 13:00〜16:00、月・土曜・一部祝祭日休
💲 $5（大人・子どもとも）
www.roeddehouse.org
Ⓜ エキスポライン「Burrard Station（バラード駅）」から徒歩17分
MAP P.8 / B-1

1893年に建てられたクイーン・アン様式の外観は、現在のバンクーバーでは希少。

主寝室。洋服やブラシやひげそりなど小道具から当時の生活が垣間見られる。

キッチンのストーブ（レンジ台）は暖房の役目も。銅製の鍋は洗濯物を煮沸するため。

1

©Tourism Vancouver/ Nelson Mouelic

2

Stanley Park

[スタンレーパーク] 公園

ダウンタウンに隣接した憩いの森林公園

　バンクーバーのダウンタウンの西の端にある、北米の都市型公園のトップ10に入る大きな森のような公園。三方が入り江に面した半島部分に位置しており、風光明媚なことでは群を抜いています。ダウンタウンの北側からシーウォール（海沿いの遊歩道）を西へ向かうと、そのままスタンレーパークへと続いています。シーウォールはカナダ・プレイスからスタートしています。

　海沿いの道を一周すると2時間以上かかりますが、半周ぐらいで戻れる道もあります。また、公園の手前に何軒かあるレンタル自転車屋（1時間

$10前後）で自転車を借りてビューポイントで写真を撮りながらまわるのも楽しいですよ。迷子にならないために地図をDL（右ページURL参照）して持って行くか、ホテルのフロントやダウンタウンのバンクーバー観光案内所（P.166）でもらいましょう。

　園内で私のいちばん好きな場所はバンクーバー水族館（Vancouver Aquarium）。ここで飼育されているラッコやアシカは海で何らかのアクシデントに遭って保護された生き物たち。9,000㎡の敷地に100以上の水槽展示があり夏休みシーズン

©Tourism Vancouver/Cycle City Tours

■1早朝は仕事前にたくさんの人がシーウォールをランニングしている。■2園内には先住民がつくったトーテムポールの複製も。■3地図を片手にレンタル自転車で写真スポットめぐりもナイス。■4シーウォール沿いはバンクーバーっ子の散歩道。■5バンクーバー水族館で美しい海洋生物と対面してみては? ■6 2000を超える団体が参加している「オーシャン・ワイズ」のマーク。■7元は軍事駐屯施設だったティーハウス。🕐11:30（土日曜10:00）〜22:00、無休 ■8おすすめは、ムール貝の白ワイン蒸し（$21）。

©Tourism Vancouver/ Nelson Mouelic

Stanley Park, Vancouver
☎ (604) 681-6728
⏱ 24時間オープン
💲無料
vancouver.ca/parks-recreation-culture/Stanley-park.aspx
🚌 19番バス「Stanley Park」下車すぐ
◎スタンレーパークの公式地図とガイドマップは以下よりDL可能
vancouver.ca/files/cov/Stanley-park-map-and-guide.pdf
MAP P.7 /B-1

ocean wise
RECOMMENDED

はかなり混むので、平日の午前中に行くのがおすすめです。また、バンクーバー市内のレストランでも見かける「オーシャン・ワイズ（Ocean Wise）」マークは、この水族館によるサステイナブル（持続可能）な取り組み。海洋環境を破壊しない方法（例えば底引き網はNG）などで魚介類を獲ること推奨する環境保全プログラムで、そのような獲り方をした魚を使ったレストランや、魚介類のみがマークを付けることができるのです。

夕暮れどきは、園内のレストラン「ティーハウス」（Teahouse）へ。7〜8月にかけてのハイシーズン、外のパティオではそれは美しい海辺のサンセットを眺めながら食事ができます。夏の日没は21時過ぎなので、その時間を狙って予約を入れましょう。パティオには大きなパラソルが広げてありますが、日焼けが気になる場合は店内の海側の窓際のテーブルに予約を。

このほか、ミニゴルフコース（道具のレンタルあり）やバラ園、2kmの距離を走るミニチュア鉄道など、アトラクションもさまざま。Georgia St側から入ってすぐのインフォメーション・ブースでは園内の地図やイベント情報を入手できます。

Vancouver Art Gallery

[バンクーバー・アート・ギャラリー] 美術館

バンクーバー市民に愛される美術館

　ダウンタウン中心部Robson St沿いにあるバンクーバー美術館は市民の憩いの場。世界的著名画家による所蔵作品はほとんどありませんが、そのぶんこの美術館ならではの興味深い切り口で企画された特別展が開催されるので、いつも目が離せません。1階は特別展、2階と3階はコンテンポラリーアートや写真展、またBC州ビクトリア出身の画家Emily Carr（1871〜1945年）の油彩が展示されています。エミリー・カーはアラスカの風景と先住民族に強い影響を受けてそれをテーマに作品を残しました。バンクーバーには彼女の名前の付いたアートスクールもあります。館内の運営やギフトショップもボランティアによって行われている、市民から愛されている美術館です。

　建物は約40年前まで裁判所だったもので、内部には大理石でできた美しい螺旋階段や円形の天窓などがあり、当時の面影がうかがえ、ほっとするような心休まる空間です。裁判所だったときの正面入り口は閉鎖されており、現在の入り口はRobson St側の東南の少し奥まったところとHornby St側の2か所となっています。

　ダウンタウン内での移転計画（設計はプリツカー賞も受賞しているスイスの建築家ユニット「ヘルツォーク＆ド・ムーロン」の予定）がありますが、それはまだ先のようです。

1平日の昼間は混んでいないのでゆっくり鑑賞できる。**2**てっぺんがガラス張りのドーム状の吹き抜けも必ず見てほしい。**3**Robson St側の旧ファサード階段は若者の溜まり場。

4 Robson St側 の 東南の少し奥まった入り口。5 ギフトショップにはデザイン雑貨が豊富に揃う。

750 Hornby St, Vancouver
☎ (604) 662-4700
🕐 10:00〜17:00（火曜・第1金曜21:00）、一部祝祭日休
💲 大人$24、子ども（6〜12歳）$6.50、5歳以下無料、65歳以上$20（パスポートなど証明するIDが必要）
◎ 火曜17:00〜21:00の入館料はドネーション（無料で入館可）
Ⓜ エキスポライン「Burrard Station（バラード駅）」から徒歩5分
www.vanartgallery.bc.ca
MAP P.9 / C-3

Gallery Café [ギャラリー・カフェ]

　1階受付横の階段をのぼるとあるカフェ。カジュアルで居心地の良い空間でコーヒーを飲みながらひと息ついたり、軽くランチしたいときにピッタリです。サラダ（$11.25）、キッシュ、サンドイッチ（$8.95）デザートなどが揃い、飲み物もコーヒー類からワインまでカフェテリア方式で。レーンに並ぶ前にテーブルを確保しておきましょう。

　天気が良ければぜひ屋外のパティオ席を。植物に囲まれたパラソルの下でキリッと冷えた白ワインとキッシュを食べれば、心も一気に開放されます。ランチタイムは周辺で仕事をしている人達も利用するので混むことも。

☎ (604) 688-2233
🕐 9:00〜18:00（火曜21:00）、一部祝祭日
www.vanartgallery.bc.ca/visit_the_gallery_cafe

ベストシーズンのパティオ席はバンクーバー市民の憩いの場。

キッシュは、サラダ付きで$9.95。

カフェテリア式なので好きなものを食べたいだけ選べて便利。飲み物だけでもOK。

©Tourism Vancouver/Vision Event Photography

1 夏になるとサンセットビーチで開かれるバンクーバー交響楽団の無料コンサート。
2 PNEのコンサートは黄昏時の空が美しい。

──バンクーバーの音楽シーン──

多国籍国家ということもあってか、音楽の大好きなカナディアン。クラシック音楽では、市民にこよなく愛されているVSO（バンクーバー交響楽団）があります。1919年にできたカナダで3番目に大きいシンフォニーオーケストラで、ダウンタウン中心部にあるオルフェウム劇場を本拠地に、年間約140のコンサートを行っています。2018年には創立100周年の記念イベントとして、ダウンタウンのサンセットビーチで無料の野外コンサートを行いました。日没前の20時半〜22時まで、レオナルド・バーンスタインからヴィヴァルディの四季、ジョン・ウィリアムズのスターウォーズまで誰でも楽しめる演目でした。オルフェウム劇場では、7・8月に無料の劇場内部のツアー（英語）も行われるので、ぜひ参加してみては？

また、2003年設立のバンクーバー・メトロポリタン・オーケストラ（VMO）は、バンクーバーに拠点をおく非営利のトレーニングオーケストラです（プロの音楽家を目指す将来有望な若手達のオーケストラ）。数年前から夏にダウンタウンのジャック・プール・プラザ（冬季オリンピックの聖火台がある広場）で19時から屋外クラシックコンサート「Live Symphony Performance」を行っていて、こちらもバンクーバーっ子に大好評です。

ほか、季節によってさまざまな音楽イベントが開催されますが、バンクーバーっ子の夏の楽しみと言えば、「International Jazz Festival」と「Folk Music Festival」。街じゅうが音楽に包まれます。

バンクーバー交響楽団
www.vancouversymphony.ca
バンクーバー・メトロポリタン・オーケストラ
vmocanada.com

Orpheum Theatre

[オルフェウム劇場]

バンクーバー交響楽団の活動拠点

1927年に建てられた、約2,700人収容の劇場（2009年に改装）。内装が美しいことでも有名で、1979年にカナダ環境省の文化遺産保護制度である国定史跡に指定されました。すべてのコンサートのチケットはネットで購入できるので、旅行出発前に購入して出かけてみるのもおすすめです。

601 Smithe St, Vancouver
☎ (604) 665-3035
vancouvercivictheatres.com/venues/orpheum
MAP P.9 / C-3

3 劇場の内装も楽しんで。撮影スポット多し。**4** タイムスリップしたようなビクトリア様式の内装が興味深い。

おもな音楽イベント

■開催時期／会場／URL

Vancouver International Jazz Festival

[バンクーバー・インターナショナル・ジャズ・フェスティバル]

BC州最大の音楽イベント

　1980年代にコミュニティラジオ局と地元のジャズシーンからはじまった夏の一大イベント。ホールやライブハウスはもとより、公園や路上などでも街中で約400近い演奏が行われ、そのうち100以上が無料コンサートという、地元民も観光客も誰もが楽しめるスタイル。毎年45万人以上が集まり、バンクーバーじゅうが音楽で一気に盛り上がります。

1 ©Mike
1公園、広場、ストリートなどあちこちでパフォーマンスが行われる。2無料イベントも多いので、ジャズ初心者も安心。

2 © GoToVan

■6月最終週〜7月上旬／ホールやライブハウス、公園や路上／www.coastaljazz.ca

Vancouver Folk Music Festival

[バンクーバー・フォーク・ミュージック・フェスティバル]

ビーチで盛り上がるフォークの世界

　1978年にはじまったフォークミュージックの祭典。対岸のウエストバンクーバーの景色を背景に3日間で3万人以上が集まり、北米はもとより世界中から集まるアーティストによって昼夜合わせて60以上のコンサートが行われます。マリファナ（カナダでは合法、日本では非合法）を吸う人が多いのでその点はくれぐれもご留意を！

■7月第3週の3〜4日間／ジェリコビーチ・パーク（Jericho Beach Park）／thefestival.bc.ca
◎チケット・マスター（国内のコンサートやスポーツイベントのチケットサイト）www.ticketmaster.ca

1人であふれかえるジェリコ・ビーチ・パーク。2パフォーマンスは連日23時まで続く。

©Rosalee Yagihara
©Mike

PNE Summer Night Concerts

[PNEサマー・ナイト・コンサート]

往年の大スターを夜空の下で満喫！

　期間内は往年の世界的スターやグループの演奏が夜空の下、観客は飲みながら踊りながら盛り上がります（会場内でビールやワインの販売あり）。2018年はエア・サプライやクール＆ザ・ギャング、シカゴ、シンディ・ローパーなどのコンサートも。会場のアリーナ席の区画は前売りチケットで入場できますが、外側の無料ベンチ席でも十分楽しめます（ただしPNE会場への入場料は必要）。

PNE（P.122-123参照）は夜まで盛りだくさん！
■8月後半の2週間／収穫祭（PNE The Fair）の会場内の屋外施設／www.pne.ca

Saje Natural Wellness

[セージ・ナチュラル・ウェルネス]

ショップ（アロマグッズ）

アレルギー性鼻炎の症状を緩和するための
エッセンシャルオイル（$21.95）。

バンクーバー発のアロマブランド

　バンクーバー発祥の100％天然素材アロマオイルのブランド。創立者のジャンピエール・レブランが交通事故の後遺症を改善するためにアロマオイルをつくったのがはじまりです。材料には地元BC州のものを使うよう心がけ、環境保護のためにパッケージにも再生可能な素材を使っています。

　癒しの香りに包まれた店内では、薬局のようにスタッフが症状を聞いて適切なアドバイスをしてくれます。エッセンシャルオイルは頭痛、アレルギー、ストレスなど症状に応じて種類が充実。ディフューザー用オイルも森林系やアレルギー緩和など約40種類あります。肌に直接塗るロールオンタイプのアロマオイルは、ストレスを感じたとき、ひと塗りで気分を改善できるので私も愛用しています。おみやげにアロマキャンドルもおすすめ。

商品を見ているとすぐにスタッフが笑顔でヘルプに来てくれる。

1091 Robson St, Vancouver
☎ (604) 558-1900
🕐 10:00～21:00、日曜11:00～20:00、無休
www.saje.com
🚉 Robson StとThurlow Stの交差点そば
MAP P.8 / B-2
◎ キツラノ店ほか、バンクーバー市内に4店舗あり

ナチュラルでウッディな雰囲気の店内。

オイルのほか、ドライスキン用保湿クリーム（$39.95）なども揃う。

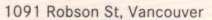

リラックス効果のあるオーガニックハーブティー（$9.50／15袋入り）。

Davids Tea

[デイビッズ・ティー] ショップ（茶葉）

150種類ものお茶が揃う茶葉専門店

　健康志向の盛り上がりとともにコーヒーよりもお茶のほうが身体に良い、と考えるようになったカナディアンの生活に浸透している、2008年カナダ東部のトロントで生まれた茶葉専門店。現在では北米に240店舗以上を展開する、まるで茶葉業界のスターバックスのような存在です。

　人気の理由のひとつはオーガニック茶葉でつくられるオリジナルブレンド。また世界各地から集められた伝統的な茶葉は150種類にもおよびます。そんなにあったら迷ってしまう、という心配は無用。スタッフが親切ていねいにアドバイスしてくれます。リラックス効果のあるものやデトックスのための茶葉も。季節限定のブレンドやギフトセットも要チェック。オリジナルのマグやタンブラーなどのグッズも揃っています。

茶葉専門店っぽくないカラフルな店内。

カナディアン好みのタンブラーや水筒が並ぶ棚。

ミントグリーンの看板が目印。

1024 Robson St, Vancouver
☎ (604) 689-0127
⊕ 9:30〜21:00、日曜10:00〜20:00、無休
www.davidstea.com
🚶 Burrad St&Robson Stの交差点からすぐ
MAP P.8 / C-2
◎パークロイヤル店ほか、バンクーバー市内に5店舗あり

オリジナル素材のストレッチレギンスは履き心地地満点。

キツラノ店はルルレモンの1号店。

Lululemon

[ルルレモン] ショップ（スポーツウェア）

バンクーバー発祥のヨガウェア

　ヨギーなら誰でも知っているスポーツウェアブランド。1998年の創業以来、機能性の高いデザインと高性能な素材で、全世界にファンを持ちます。日本のショップよりも、商品構成とサイズが豊富。ヨガウェア以外にランニング、スイム、カジュアルウェアなどジャンルも多岐にわたり、バッグなどのグッズも揃います。店内セールがある場合もあるので要チェック。ヨガやハーフマラソン大会などのイベントも開催している。

970 Robson St, Vancouver
☎ (604) 681-3118
🕐 10:00～21:00（日曜20:00）、無休
www.shop.lululemon.com
Ⓜ エキスポライン「Burrard Station（バラード駅）」から徒歩5分
MAP P.8 / C-2
◎ キツラノ店ほか、バンクーバー市内に5店舗あり

Arc'teryx

[アークテリクス] ショップ（スポーツウェア）

登山家がつくったアウトドアウェア

　1989年にスタートしたノースバンクーバー発祥の高級登山ウェアブランド。1996年に防水透湿性素材のゴアテックスを利用したことで一躍有名になりました。今では日本にもたくさんのファンがいます。商品も充実していて価格も日本より割安感があります。登山以外にもスキー、スノーボード、トレッキングやランニングにも最適。機能性もさることながらデザイン性でも圧倒的な支持を得ています。

813 Burrard St, Vancouver
☎ (604) 416-1588
🕐 10:00～21:00、無休
📍 Burrard St沿い、Robson Stとの交差点近く
Stores.arcteryx.com/vancouver
MAP P.8 / C-2
◎ キツラノ店あり（バンクーバー市内に2店舗）

クライマーやボーダーでなくても機能性を追求したウェアは人気。

住宅街に隣接し落ち着いた雰囲気のキツラノ店。

Aritzia

[アリッツィア]

カナダ女子のファッション拝見

　10〜40歳代の女性を対象にした1984年創業のバンクーバー発のセレクトショップ。キレイ目からカジュアル、リラックス、キャリア向けまで約10種類のオリジナルブランドから用途に応じて選べるのもうれしいポイント。値段も手頃ですっきりとした北米スタイルのおしゃれなアイテムが揃い、XXSからXLまでとサイズも豊富。NYやシカゴをはじめ北米を中心に50店舗以上を展開しています。

1100 Robson St, Vancouver
☎ (604) 684-3251
🕙 10:00〜21:00、一部祝祭日休
www.aritzia.com
📍 Robson StとThurlow Stの角
MAP P.8／B-2

1 2 スポーティラインからビジネスシーンまで商品構成の幅も広い。事前にネットでチェックしていくのもおすすめ。3 Robson St側は3店舗に見えるが、店内はつながっている。

Aldo

[アルド]

ダウンタウンで働く女性の味方

　1976年にカナダのモントリオールで誕生したシューズ＆バッグブランド。カナダ国内に145店舗、世界80か国1,700店舗以上を展開しています。スニーカーからハイヒールまでデザインもいろいろ。価格帯も＄100前後とお手頃です。カナダっぽいバルキーなショートブーツやカラフルなスニーカーなど足元からカナディアンになりませんか？

1025 Robson St, Vancouver
☎ (604) 683-2443
🕙 10:00〜21:00、日曜11:00〜19:00、一部祝祭日休
www.aldoshoes.com
Ⓜ エキスポライン「Burrard Station（バラード駅）」から徒歩5分
MAP P.8／C-2
◎ バンクーバー市内にアウトレットを含め3店舗あり

履き心地のよいソックススニーカーは各$85。色味がかわいいベビーピンクスニーカーは各$85。

履きやすいヒールサンダル（$90前後）も充実。

バラの花柄スニーカー（$80）とお揃いのハートの金具付きバッグ（$55）。

バンクーバーの食を楽しむ

バンクーバー周辺は海と山に囲まれた温暖な地域。豊かな海から穫れる豊富なシーフード、内陸の牧場の牧草でのびのびと育てられた家畜、農家の手づくりの乳製品、温暖な気候のもと無農薬で育てられたみずみずしい野菜、近年一大産業となりつつあるBC州ワインなど、地産地消が成立する恵まれた土地です。それをもっと大切にしようとオーシャン・ワイズ（P.25参照）やファーム・トゥ・テーブルなどの運動も民間レベルで活発。ベジタリアンやビーガンも多く、どこのレストランにも必ずベジタリアン料理が豊富に用意されています。

2002年にスタートし、毎年1月下旬から約2週間開催されるバンクーバーのグルメイベント「Dine-Out-Vancouver-Festival^{ダインアウト・バンクーバー・フェスティバル}」は、200店以上の飲食店が参加。普段は敷居が高くて入れない高級レストランや、噂で聞いたことはあるけれど行く機会がなかったレストランの料理が、お手頃価格のセットメニューで供されます。www.dineoutvancouver.com

北米は歴史が浅いので食文化も浅いと思われがちですが、バンクーバーは歴史ある国々から移民たちが持ち込んだ世界中の料理にあふれています。移民のなかでもいちばん多いのが中国系で、バンクーバー市の隣のリッチモンド市に多く住んでいます。そのため中華料理店が多く、香港や中国本土とほぼ変わらないレベルとも。

メルボルンに次いで多いというイタリア系移民はコマーシャルドライブに多く、イタリア食

材専門の大型スーパーマーケット（P.56参照）や老舗カフェ「カラブリア」（P.65）は要チェック。Main Stの「アン・アンド・チー」（P.115）では、伝統的なベトナム料理をおしゃれでヘルシーなコンセプトで出していてバンクーバーっ子に好評です。

　さぁ、バンクーバーでめいっぱい食べ歩いてみましょう！ きっとこの街がもっと好きになりますよ。

1 地元素材にこだわったシャルキュトリ（サラミやプロシュートなどの盛り合わせ）。**2** 外食が大好きなバンクーバーっ子の間ではいつもレストラン情報が飛び交う。**3** バンクーバーじゅうのレストランが腕を競って料理を提供するDine Out! **4** 世界各国から移民してきたシェフが実り豊かなBC州の食材で腕をふるう。**5** おしゃれなフュージョン料理もすっかり定着したバンクーバー。

Pick Up! おすすめ多国籍料理

Victoria Chinese Restaurant 🇨🇳

［ビクトリア・チャイニーズ・レストラン］
（ダウンタウン）

悦海海鮮酒家。オフィスで働く人たちがまるで社食のように使う飲茶が人気の中華レストラン。

1088 Melville St, Vancouver
☎ (604) 669-8383
MAP P.9 / B-3

Sciué 🇮🇹

［シューエ］
（ダウンタウン）

ファーストフード感覚の量り売りピザの店。おすすめはカナダ産スモークサーモンがトッピングされたピザ。ランチタイムを過ぎると売り切れるのでお早めに。

110 - 800 Pender St, Vancouver
☎ (604) 602-7263／www.sciue.ca
MAP P.9 / B-3

鳥かごや鳥のフォルムが壁いっぱいにディスプレイされたおしゃれなバー・スペース。

1 人気メニューのバターミルク・フライドチキン（$15）。**2** 店内のピザ窯で焼き上げたマッシュルームとルッコラのピザ（$17）。

Nightingale

［ ナイチンゲール ］

`レストラン（北米スタイルイタリアン）`

午後2〜5時が狙い目の超人気店

バンクーバーで予約が取れないレストラントップ3の一軒。バンクーバーの高級レストランホークスワース（Hawksworth）の系列のカジュアルレストランとしてオープンして以来絶大な人気を誇っていて、何を食べてもハズレがありません。おしゃれな店内は1階と2階に180席もあるのにいつも満席。とくにランチタイムとディナータイムに予約を取るのは至難の業ですが、時間を外して行くと意外と入れます。

料理は北米スタイルのイタリアン。2階のオープンキッチンにはピザ窯もあり、薄い生地が特長の焼きたてピザもおいしくておすすめ。大きなお団子のようなミートボールも美味、ひと口大の骨付きラムなどいろいろ注文してみんなでシェアして食べるのがこのお店のスタイルです。

1017 W Hastings St, Vancouver
☎ (604) 695-9500
🕐 11:00〜24:00、無休
hawknightingale.com
Ⓜ エキスポライン「Burrard Station（バラード駅）」から徒歩3分
`MAP` P.9 / B-3

素敵な店内にはダウンタウンのヤッピー達が集う。

近代的なビルだがファサード部分はバンクーバー歴史遺産建築。

1 良い天気の日には仮設のパティオも出る。2 こっくりとした玉ネギの旨みがとろけるチーズとあいまったオニオングラタンスープ。3 ムール貝のワイン蒸しマヨネーズ風味ポテト付き。4 キリッと冷えたスパークリングワイン（1杯$11〜）。

Tableau Bar Bistro

［ タブロー・バー・ビストロ ］　レストラン（北米スタイルフレンチ）

入り口はLodenホテルの1階横。

オニオングラタンスープが絶品！

　ブティックホテル「ローデン（Loden）」の1階にある、北米スタイルのフレンチレストラン。店内へ入るとすぐに目に入るバーカウンターはカクテルも豊富。市松模様の床に高い天井のエントランスからカッコいいウェイターさんがテーブルまで案内してくれます。

　私のおすすめはなんといってもチーズたっぷりのオニオングラタンスープ（$15）やホーローのお鍋にいっぱいのムール貝の白ワイン蒸し（$26）。ワイン片手にビジネスランチするカナディアン・ヤッピー達を眺めるのもなかなか楽しいひとときです。ランチタイムはホワイトカラーのビジネスマンでにぎわい、週末はウィークエンドブランチも楽しめます。エッグベネディクトやプーティンなど北米フレンチを味わってみて！

1181 Melville St, Vancouver
☎ (604)639-8692
●ランチ=11:30（土日曜10:30）〜14:30、／ディナー=17:30〜23:00（金土曜24:00）
◎ハッピーアワー=毎日14:30〜17:30、21:30〜
www.tableaubarbiStro.com
●Bute StとMelville St沿い
MAP P.8 / B-2

Mott 32

[モット・サーティートゥー]

`レストラン（中華）`

セレブ御用達の高級中華レストラン

　高層ビルの立ち並ぶダウンタウンににょっきりそびえるトランプタワーの1階にある、香港でもトップクラスの座に君臨している中華レストランの支店。インテリアデザイナージョイス・ウォン（Joyce Wang）の豪華な内装で、2017年に北米1号店としてバンクーバーにオープンしました。

　超高級店（バンクーバー市内の普通の中華の飲茶の約2倍）ですが、ランチタイムの飲茶なら日本の一流ホテルの中華と同じぐらいの価格設定。中国系移民の多いバンクーバーで高級飲茶に舌鼓を打つのも楽しい体験です。オーガニックな食材にこだわり、伝統のレシピを現代風にアレンジした品々はどれも絶品。

　おすすめはイベリコ豚を使ったスパイシー小籠包($20)。また、ホタテとエビの蒸し餃子($18)、茸と野菜の春巻き($12)は本場香港の味そのもののおいしさ。牛肉とモヤシの平麺焼きそば（牛河乾炒ＡＡＡ加拿大頂級牛河／$28)は、やわらかい牛肉と焦がし醤油の風味で、見た目よりやさしいコクのある日本人好みの味です。

1161 W Georgia St, Vancouver
☎ (604) 979-8886
🕑12:00〜14:30、18:00〜23:00、無休
vancouver.mott32.com
🏨トランプ・インターナショナルホテル&タワー1階
`MAP` P.8 / B-2

古き良き時代の香港をイメージしてデザインされたゴージャスな店内。

チャイニーズ富裕層御用達。たまにお得なランチセットメニューがある場合も。

スパイシー小籠包はレンゲを使っておいしいスープをこぼさないように食べて。

焦がし醤油の風味が絶妙な、牛肉とモヤシの平麺焼きそば。

セットメニューの香ばしく炒めた牛肉と野菜。いくらでもご飯が進む。

まるでおしゃれなバーのような店内。

Jinya Ramen Bar

[陣屋ラーメンバー] ラーメンバー

カナディアンで大盛況。みんな当たり前のように上手にお箸を使う。

北米系ラーメンはかっこいい！

　世界的なラーメンブームに乗って、バンクーバーのダウンタウンもラーメン戦争と呼べるほど多くのお店が味を競っています。なかでも北米の進化形ラーメンという形容がぴったりなのがこちら。

　近代的なビジネスビルの1階にあって高い天井の店内もかっこいいバーのよう。居酒屋風メニューにはラーメンのほか、唐揚げやたこ焼き（$8.75）、チャーシュー・バンズなど目移りしてしまいます。クラフトビールがタップで飲めるのも魅力。

　ラーメンは豚骨ブラックから味噌、あっさり系のチキンラーメン（$14.30）、北米らしくベジタリアンラーメンが2種（$14.30〜）、パクチーラーメンなど定番は13種類のほか、季節限定ラーメンも。カナディアンの若者がおしゃれスポットとして行列するラーメン店を覗いてみませんか？

541 Robson St, Vancouver
☎(604) 699-9377
🕐11:00〜23:00、一部祝祭日休
jinya-ramenbar.com
Ⓜエキスポライン「Burrard Station（バラード駅）」から徒歩10分
MAP P.9 / C-3

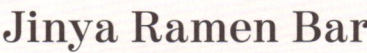

©Jinya ❶

❶Jinyaとんこつブラック（$15）。香ばしく濃厚だけどさっぱりで細麺との組み合わせが◎。❷鶏肉のおいしいカナダならではのジューシーなクリスピー・チキン唐揚げ（5個$7.50）。❸人気のジンヤ・バンズ（$5.2）はとろとろ厚切りチャーシュー入り。

アクティブに楽しむバンクーバー

仕事終わりに走ったりヨガをしたりすることが大好きなバンクーバーっ子。バンクーバーの旅も、アクティブに景色を楽しむのはいかがでしょう？ バンクーバーっ子にまざって走ったり、船から街を眺めるクルーズは素敵な思い出になるはず。ヨガやダンスのドロップインに参加するのもおすすめです！

©Tourism Vancouver / Nelson Mouelic

ビル群と海を背景に駆け抜ける！

ランニングのおすすめコースは、風光明媚で景色を楽しめるスタンレーパークの海沿いを1周する全長約10kmのシーウォール。ダウンタウンのDenman St を W GeorgiaSt との交差点から100mほど北東に進んだところがスタート地点。ここから道なりに進むとスタンレーパークの入り口があり、そのまま海沿いに反時計まわりに走っていくと、ヨットハーバーが見えてきます。トーテムポールや夜9時に時報を知らせる空砲を撃つナイン・オクロック・ガン（9 O'clock Gun）灯台などもあり、半分近く約5kmほど走るとウエスト・バンクーバーへ渡るライオンズゲート橋。その先は太平洋と山々が連なる雄大な景色が見えたら、セカンド・ビーチからイングリッシュ・ベイをまわってダウンタウンのビル群へ戻ります。道は

歩行者用とサイクリング用にライン分けされており、サイクリング用は自転車がスピードをあげて走って来るのでうっかり踏み入らないように気をつけてください。

なお、バンクーバーは春から夏の涼しい気候や走りやすい環境などで、マラソン大会も人気です。4月の「Sun Run」は1985年から続いており、男女別年齢別で賞金も出るため老若男女に人気の大会（2.5kmと10km）。5月は世界中のランナーの人気の遠征先にもなっているBMOバンクーバー・マラソン（2019年の優勝は日本の川内優輝選手）も開催されています。

◎シーウォールMAP
vancouver.ca/parks-recreation-culture/seawall.aspx
そのほかのランニングコースは下記参照。ウォーキングコースとしてもおすすめ。
www.mapmyrun.com/ca/vancouver-british-columbia

1 朝靄のなかを走るのも気持ちいい。日没後は暗くて危ないので止めましょう。2 ダウンタウンのビル群を右手に見ながら走る。途中撮影スポット多いのでカメラ忘れずに。3 水上飛行機発着所。バンクーバー上空を30分間飛ぶツアー（1人$135）もある。4 船尾にあるパドルが回転して進むパドルウィラー船でのんびりと湾内をまわる。5 いちばん上のデッキは360度の景色が楽しめる。

Cruise [クルーズ]

船から楽しむ極上の景色

　4月下旬から9月下旬まで多くのコースがあるクルーズのなかでもおすすめは、バラード湾を1周する約1時間の湾内クルーズバンクーバー・ハーバー・ツアー。内海なので波も低く、船が揺れることもありません。またバンクーバーは真夏でも空気が涼しく湿気もないのでクルーズを楽しむのに適しています。

　出港すると、ダウンタウンの湾岸の水際近くまで並ぶ高層ビル群が圧巻。水上飛行機の発着も通るのでタイミングが合えばダイナミックな離着陸も見られます。そこから船は北へと向きを変え、タンカーや大型貨物船のそばを通りながら対岸のノース・バンクーバー側へ。Lonsdale-Quay（ローンズデールキー）を通過したあたりで船を停め、5分

ほど野生のアザラシをウォッチング。その後ライオンズゲート橋のそばを通ってスタンレーパーク沿いに発着所へ戻ります。

　ほか、夕方に出航する約2時間半のサンセットディナークルーズもおすすめ。ビュッフェ形式のディナーを楽しみながらライオンズゲート橋をくぐり、夕日に染まるバラード海峡の美しい景色が楽しめます。帽子とサングラス、日焼け止めを忘れずに。

Vancouver Harbour Tour
発着所住所：501 Denman St Vancouver
☎(604)688-7246
●11:00、12:15、13:30、14:45（4/27～9/30まで毎日運航）
●大人$38.95、シニア（60歳以上）・子ども（12～17歳）$32.95、（5～11歳）$12.00、4歳以下無料
www.boatcruises.com
◎チケット売り場と発着所へつながる桟橋は、ダウンタウンのDenman Stのいちばん北側の海沿いの遊歩道

Drop-in Yoga
[ヨガ]

旅ヨガ&旅ダンス のススメ

　バンクーバーっ子は週末はランニングや自転車、トレッキングなどに出かけますが、平日の退社後や週末の午前中に好んで行くのがヨガやダンスのレッスン。気ままなバンクーバーっ子に合わせてどこのクラスもドロップイン（1回のみ）で参加できます。

　旅の疲れが出ていたらヨガですっきり身体をリフレッシュ。ダンスのクラスも貴重な体験になること請け合いです。参加している人達から耳寄りな現地情報もゲットできるかもしれません。

長いフライトでこわばった身体をヨガでほぐそう。
©Granville Island Yoga Studio

Tomo Yoga
[トモ・ヨガ]

日本語で参加できる青空ヨガ

　火曜は一日の疲れを癒やすゆっくりペースのヨガ。土曜は気持ち良い景色の望めるダンスセンターのクラス、季節により青空ヨガ（パークヨガ）。インストラクターの2人は日本人だから安心。クラス後はコーヒータイムあり。電話かメールで要予約。

📍The Dance Centre（677 Davie St）、7〜8月のみイエールタウンの公園George Wainborn Park MAP P.10/B-1／✉tomoyoga1@gmail.com／🕐火曜17:00〜18:00、土曜9:45〜10:45／💲$12（+レンタルマット代$2)／講師：トモ、アリサ
www.tomoyoga.ca

ピースフルでやさしいTomo先生のクラス。©Tomoyoga

& Dance

Kazuko Yoga
[和子ヨガ]

全米ヨガアライアンス認定インストラクター主催

　日本人を中心にレベル、年齢を問わず誰でも参加できるヨガクラス。呼吸法からきっちりとやりたい方には、ヨガ指南歴11年の和子先生がていねいに教えてくれる。要予約。

📍火曜＝メイン・スタジオ（4338 Main St）**MAP** P.12/B-1、金曜＝日本空手道・糸真会道場（1680 W 6th Ave）**MAP** P.11/A-1／✉yugawithkazuko@gmail.com／●火・金曜10:00〜11:00／🅢$20／講師：和子
www.kazukoyoga.com

ハタ・ヨガ・プラディピカの和子先生。

Harbour Dance Centre
[ハーバー・ダンス・センター]

カナディアンと一緒にレッツ・ダンス！

　バレエ、コンテンポラリー、ジャズ、ヒップホップ、タップ、ハウス、ロッキン、ポピン、アニメーション、キャバレージャズ、Wベリーダンス、グルービングなど。1週間に100以上のドロップインクラスがある。参加したいクラスをサイトで見つけたら着替えを持って当日受付へ（予約不可なので当日は早めに）。

📍927 Granville St（ダウンタウンのGranville St沿い）
MAP P.10/A-1／☎(604)684-9542／●金曜10:00〜11:00／🅢$20 前後（クラスによって異なる）
harbourdance.com

バレエはシューズがなくても、ソックスと動きやすい格好で大丈夫。©HarbourDanceCentre

人気のヒップホップのクラスはいつも満杯。©HarbourDanceCentre

© dronepicr

山頂からさらに海抜約1,250mまで14分ほどで登れるリフトもある。

©Tourism Vancouver / Rishad Doloowala

© Murray Foubister

Grouse Mountain
グラウスマウンテン

　ダウンタウンから車で30分という距離にあるグラウスマウンテン（Grouseは雷鳥の意味）は、バンクーバー観光のメッカのひとつ。天気さえ良ければそこからのバンクーバーの眺望は素晴らしく、はるか遠くにはまるで富士山のようなベーカー山（ワシントン州）まで美しく見渡せ、冬はダウンタウンからいちばん近いスキー場として地元っ子に愛されています。

　麓からスカイライド（ロープウェイ）で標高1,128mの山頂駅までは約10分（※1）。山の上は平地と温度差があるので、夏場でも上着は持って行きましょう。日差しがとても強いので日焼け止めやサングラスなども必須。頂上にあるシャレー（山荘）にはレストラン（※2）やカフェ、ロビーなど施設も充実。おすすめはカジュアルレストラン「アルティチュード・ビストロ（Altitudes Bistro）」。窓側の席からは眼下にバンクーバーの街並みを眺められます。ここでビール片手に

カナディアンが圧倒的に注文するのがチキンウィング（＄14.95）。シンプルな塩＆胡椒、BBQ味、辛いホットスパイシーなど（Hotと書いてあったら激甘辛と思っておくのが無難）味付けが選べるのがカナダ流。

　山頂は遊歩道にプリントしてある熊の足跡に沿って回遊でき、途中グリズリー（熊）のいる小屋もあります。夏場はランバージャック（木こり）ショーや鷹やフクロウなどのデモンストレーション、ジップライン、パラグライダーなどのアトラクションも。テラスから美しい景色を背景に写真を撮るのも忘れずに。冬にはスケートリンクも登場します。

※1：全長2.9km、高低差853mの登山道も整備されており、1時間半ほどで登ることも可能。ただし、最大傾斜30度の急斜面を含む「地獄のコース」とも呼ばれ（おもに岩や木の階段）、一方通行のため下山は禁止（帰りはスカイライド）。途中にトイレもなく、初心者には向かない。5～9月の夏の時期のみオープン。時間などはHPで要確認
※2：レストラン「Observatory」（🕐17:00～22:00）は事前にメイン料理を含む予約をすると、往復のスカイライドの料金が無料になるサービスあり

❶ロープウェイで景色を満喫するなら、行きは最後尾、帰りは先頭に席をとるのが正解。❷アルティチュード・ビストロで絶景を眺めながらの楽しい山ランチを。🕐11:00～22:00 ©カナダ政府観光局 ❸「ザ・アイ・オブ・ザ・ウィンド」は風車の一部が展望台になっている（大人$15、冬季はガイド付きで$20／子どもは通年無料）。❹歩道にある熊の足跡の目印。これに沿って歩くと迷わない。❺カナディアンの大好きなB級グルメのチキンウィング。カナダの手羽肉は日本より小ぶり。❻バンクーバー市内の夜景も22時まで楽しめる。

6400 Nancy Greene Way, North Vancouver
☎(604)980-9311
🕐9:00～22:00、一部祝祭日休
◎スカイライド運行時間は8:45（土日曜8:15）～22:00
💰スカイライド往復（リフト代含む）＝大人$56、子ども（5～16歳）$29、4歳以下無料
www.grousemountain.com
🚌ダウンタウンの「Waterfront Station（ウォーターフロント駅）」からシーバスで「Lonsdale Quay」へ。そこから236番バスで約20分。🚌夏場（5～9月）はダウンタウンのカナダ・プレイスから麓まで無料のシャトルバスが運行
MAP P.7 / A-2

倉庫街から生まれたセレブタウン

Yaletown
[イエールタウン]

　ダウンタウンの南端に位置するイエールタウンは、昔はカナダ太平洋鉄道の終点でしたが、1986年のエキスポ開催を機に倉庫街が歴史保存地区に指定されました。レンガ造りの古い構造を残しながらリノベーションしたブティックがぽつぽつとできはじめ、同時におしゃれでハイエンドなレストランが続々とオープン。さらに倉庫街を囲むように高層コンドミニアム群が建ってヤングセレブが集う街へと変貌していき、今では周辺も含め全体がイエールタウンと呼ばれています。

　倉庫街から南へまっすぐに行くとシーウォール（海辺の遊歩道）があり、入り江のヨットハーバーを眺めながら海岸線を散歩できます。イエールタウンの歴史保存地区（倉庫街）はMainland St（メインランド・ストリート）とHamilton St（ハミルトン・ストリート）、Homer St（ホーマー・ストリート）の並行した3本の通りです。レンガ造りの古い倉庫にはこの地域に住む人たち御用達の個性的なお店が入っていてファッショナブルな雰囲気をか醸し出しています。

　Mainland StとDavie St（デイビー・ストリート）の角には公共交通機関カナダライン「イエールタウン-ラウンドハウス」駅があり、ここからリッチモンドや空港、「ウォーターフロント」駅へアクセスできます。

©Tourism Vancouver/Nelson Mouellic

1 歩道が車道よりかなり高くなっているのは倉庫街だった頃のトラック停車場の名残り。**2** 全長22kmのシーウォールは、サイクリングも楽しい（道の内側が自転車用）。**3** 飼い主の代わりに犬を散歩させる代行業者をよく見かけるのもこのエリアの特徴。

©Tourism Vancouver

©Tourism Vancouver/Nelson Mouellic

ロシアのチェチェン共和国出身のAslan Gaisumovによるショートフィルム作品「If No One Asks」。

Contemporary Art Gallery

[コンテンポラリー・アートギャラリー] 美術館、ギャラリー

コンテンポラリーアートを鑑賞

　アートよりもスポーツ！　という気風の強いバンクーバーにあって新鋭のコンテンポラリーアートを提案し続けている非営利団体のギャラリー。前身は1971年に発足したグレーター・バンクーバー・アート・ギャラリーで、2001年に開発会社BOSAの協力でバンクーバー市ボーナス・アメニティ・プログラムによって現在の場所に移転。建物は2002年にAIBC (Architectural Institute of British Columbia建築賞を受賞しています。

　小さなギャラリーですが、国内外の現代アーティストの展示の場として確たるコンセプトで運営され、200人以上を収容できるホールもあり、教育やパブリックプログラムにも力を入れています。ギャラリーショップでは、アーティストの小さな作品（＄100前後〜）も販売しています。

555 Nelson St, Vancouver
☎ (604) 681-2700
🕐 12:00〜18:00 (木曜17:00)、月曜・一部祝祭日休
💲 無料 (ドネーションボックスあり)
www.contemporaryartgallery.ca
🚶 フェアモント・ホテル・バンクーバーから徒歩12分
MAP P.10/ A-1

3階建ての建物に立体から映像、平面作品まで、ゆったりと展示されている。

明るく気軽に入りやすいエントランス。

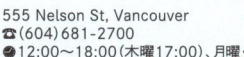

「CAG」のロゴマークが入ったオリジナルトートバッグ（＄7）はおみやげに。

迫力あるコンテンポラリーアート作品が展示されている。

左は南カリフォルニアのAlex Couwenburgによる抽象画「Ahi」。

コンテンポラリーアートはキャプション（解説）を読む前にまず第一印象を楽しんで。

少し奥まった入り口なので見逃さないように。

Kostuik Gallery

［ コストゥーイク・ギャラリー ］　ギャラリー

アート鑑賞で知的好奇心をくすぐろう

　イエールタウンのHomer St沿いにひっそりと佇む、1997年に設立されたギャラリー。見逃してしまいそうな入り口を一歩入ると、そこには静かな空間がずっと奥に続いています。梁天井とのコントラストも美しい真っ白な壁には大きな作品群が飾られています。扱っているのは北米やメキシコ、オーストラリアなどの中堅のアーティストたちの作品。個人ギャラリーなので入場は無料。入り口でスタッフにひとこと声をかけてください。

　タイミングが合えばイベントとして開かれる入札式のサイレントオークションにも参加できます。作品の横に入札額を書き入れる紙が貼ってあり、そこに自分の希望価格を書き込むという気軽なスタイル。それぞれの作品とその入札価格を見くらべるのも楽しいです。

1070 Homer St, Vancouver
☎(604) 737-3969
🕘10:00〜18:00、土曜11:00〜17:00、日曜13:00〜17:00、月曜・一部祝祭日休
💲無料
www.kostuikgallery.com
🚶フェアモント・ホテル・バンクーバーから徒歩15分
MAP P.10 / A-2

The Cross Décor
& Design

[ザ・クロス・デコ・アンド・デザイン]

ショップ（インテリア）

ゴージャス・ガーリーなインテリアの世界へ

　2003年のオープン以来独自のロマンティック＆ゴージャス路線の家具やグッズを提案し続けているインテリアショップ。オーナーのひとりのステファニーさんは日本の雑誌「マダム・フィガロ・ボヤージュ」で取り上げられたこともある高感度なおしゃれさん。彼女のライフスタイルの変化とともにお店はどんどん大きくなり、今ではベビー用品やステーショナリーも扱うほどになりました。

　800㎡の店内には雑誌から抜け出したようなダイニングテーブルのセッティング、溜め息が出るような素敵な家具や食器、世界中から集められたチャーミングなアメニティグッズや小物が所狭しと並んでいます。アクセサリー売り場もお見逃しなく。

1198 Homer St, Vancouver
☎ (604) 689-2900
🕐 10:00〜18:00、日曜・祝祭日11:00〜17:00、一部祝祭日休
thecrossdesign.com
Ⓜ カナダライン「Yaletown-Roundhouse（イエールタウン-ラウンドハウス）駅」より徒歩約7分
MAP P.10 / A-1

❶かわいいカードやガーリーなデスクまわりのグッズコーナー。❷バンクーバーマダムたちがお手本にするゴージャスなテーブルセッティング。❸香り豊かなTOCCAのソープ（$16.95）、ハンドクリーム（$10.95）。❹入り口を入った瞬間、デコラティブなインテリア空間が広がる。

オーナーのこだわりで選ばれた商品はハイエンド志向のイエールタウンっぽい品揃え。

Barking Babies

[バーキング・ベイビーズ]

ショップ（ドッググッズ）

高級ワンちゃんブティック

　オーナーのナンシーさんが愛犬とともに2004年に開いた、愛犬家にはぜひ立ち寄ってほしいお店。コンドミニアムに住むイエールタウン住民が飼いやすい小型犬に特化したかわいいウェア（Tシャツ＄30〜）やグッズを扱い、あっという間に人気店となりました。同時にハイクオリティなおやつコーナー（クッキー＄2〜6前後）もはじめ、デイケア、グルーミング、代行散歩、歯のクリーニングなど、子どものように大切に愛犬の世話をするスタイルを確立しました。

　ちなみに動物愛護の先進都市バンクーバーでは、安易な気持ちで飼いはじめ捨ててしまうことを避けるために、2017年より店頭での犬・猫・ウサギの販売は固く禁止されています。なお、生後3か月以上の犬には住民登録が義務づけられています。

1188 Homer St, Vancouver
☎(604) 647-2275
🕐10:30〜18:30、土曜11:00〜17:30、日曜11:00〜17:00、一部祝祭日休
barkingbabies.com
Ⓜカナダライン「Yaletown-Roundhouse（イエールタウン-ラウンドハウス）駅」から徒歩7分
MAP P.10 / A-1

愛犬の写真を見せ、体重と体長を伝えると、的確な洋服やハーネスを選んでくれる。

クッキー類はすべて成分内容が分かるので安心。

オレンジのマークが目印。近くに類似店があるので間違えないように。

Small Victory

[スモール・ビクトリー]

バンクーバーでNo.1のクロワッサン

サクサクのクロワッサン生地に絶妙な塩味の
「ベーコンチーズクロワッサン」($5.75)。

ショーケースに並んだ宝物のようなベーカリー。

ラズベリーチーズケーキ(6インチ/ $28)。

イエールタウンでおいしいコーヒーとパンが食べたいときはここ。ドアを開けると同時に感じるベーカリーのバターと香ばしい匂いが広がります。グルメに目のないバンクーバーっ子でいつも店内は大にぎわい。オーナーが忙しく働く人たちに小さな幸せを味わってほしい、という気持ちでオープンしたのが2014年。あっという間に人気店となり、今ではサウスグランビルに2号店があります。

店内はオープンキッチン式で広い大理石のカウンターと大きなペンダントライトが特徴です。コーヒーはドリップ式とエスプレッソ式の両方から選べます。ベーカリーはクロワッサン($3.50〜)やスコーン($3.50〜)、クッキーやケーキ($5〜)など種類も豊富。とくにクロワッサンはサクサクな食感で、個人的にはバンクーバーでNo.1です。

1088 Homer St, Vancouver
☎(604) 899-8892
🕐7:30(土日曜8:00)〜18:00、一部祝祭日休
smallvictory.ca
📍コストゥーイク・ギャラリー(P.48)の隣
MAP P.10 / A-1
◎サウスグランビル店あり(バンクーバー市内に2店舗)

お店のほぼ半分がオープンキッチン。目の前でコーヒーを淹れるのが見られる。

1階と2階の一部が吹き抜けになっていて開放的な店内。

Rodney's Oyster House

[ロドニーズ・オイスターハウス]

オイスターバーでシーフードを満喫

　バンクーバーは海に囲まれているのでシーフードの新鮮さには定評があります。そんなバンクーバーっ子がオイスターを食べに集まるのがここ。オイスターはもとより絶品シーフードがカジュアルな雰囲気のなかで楽しめます。日本でお馴染みのクラムチャウダーはクリームスープ（ニューイングランド風／＄9.50）、トマトスープ（マンハッタン風／＄9.50）、新鮮な牡蠣がごろりと入ったポテトクリーム仕立てのスラップジャック（＄9.50）があります。旅先での生牡蠣が不安な人にはカキフライがおすすめ。

　15〜18時のハッピーアワーを利用して、前菜代わりに白ワインやビール片手に生牡蠣をつまんでみてはいかがでしょう？ 秋から春にかけてはムール貝のワイン蒸し（＄18.95）もぜひ。

■1 1階奥には種類別にオイスターがディスプレイされていて、直接選ぶこともできる。■2 シュリンプカクテル（＄19.95）やカキフライ（＄14.50）もおすすめ。■3 海辺のシーフードレストランの雰囲気たっぷり。時間帯によっては表まで並ぶ。

1228 Hamilton St, Vancouver
☎(604) 609-0080
🕙11:30〜23:00、一部祝祭日休
rohvan.com
Ⓜカナダライン「Yaletown-Roundhouse（イエールタウン-ラウンドハウス）駅」より 徒歩2分
MAP P.10 / B-1
◎ギャスタウンにも支店があるが、夜は治安上こちらがおすすめ

Yaletown Brewing Company

[イエールタウン・ブリューイング・カンパニー]

ブリュワリーレストラン

ビール片手におすすめバーガー

　イエールタウンがまだ治安の悪い倉庫街だった頃1994年にオープンしたブリュワリー。当時のバンクーバーには小規模醸造所はまだ少なくきわめてめずらしい存在でしたが、今ではこの地域のランドマーク的存在に。

　160席ある広い店内には暖炉やビリヤード、大型テレビではアイスホッケーの中継とカナダっぽさ満載です。イチオシはバックヤードバーガー（$15.99）。こんがり焼けた香りのジューシーな肉の風味と自家製サウザンアイランドソースはまさに日本人好み。ぺろっと食べられます。バンクーバーNo.1のおしゃれ地域イエータウンでできたてのビールを飲みながら旅の醍醐味を味わってください。初夏から秋にかけては表のパティオがおすすめです。

1111 Mainland St, Vancouver
☎(604) 681-2739
🕐11:30〜24:00（木曜25:00、金土曜27:00）、一部祝祭日休
Ⓜカナダライン「Yaletown-Roundhouse（イエールタウン-ラウンドハウス）」駅より徒歩3分
www.mjg.ca/yaletown
MAPP.10 / A-2

カナディアンのソウルフード、グリルでこんがり焼いたバーガーを召し上がれ。

ビリヤード台の向こうにはガラス越しにビールの醸造タンクが見える。

季節によって店の前に大きなフラワーポットがぶら下がり素敵。

レストランエリアと反対側のパブエリアに分かれている。

Ice Hockey

ダウンタウンで
スポーツ観戦しよう!

1 パックを肉眼で追えなくてもこのスクリーンで試合の流れが分かる。**2** 氷上の格闘技と呼ばれるだけあって激しいタックルにファンは大盛り上がり。**3** 上の階のクラブセクションにはレストランやバーもある。**4** カナダではフレンチフライにはケチャップではなくてマヨネーズが定番。**5** BCプレイス・スタジアムの屋根はルーフオープン。当日開くかはHPでわかる。**6** バンクーバーっ子に混じって応援を!**7** チアリーダーのユニフォームはBCライオンズのチームカラーのオレンジ。**8** 夜のライトアップも美しい。

カナダのスポーツといえばアイスホッケー。そしてもうひとつ、気軽に楽しめてエンターテイメント性が高いのがカナディアンフットボール。せっかくこの地に来たのなら観戦しない手はありません!

Canadian Football

カナダの国技でもあるアイスホッケー。バンクーバーっ子のほとんどは地元バンクーバー・カナックスの大ファン！ 試合はいつも満員で、リンクそばのチケットは入手不能という人気ぶりです。ホッケーにあまり興味のない人でも迫力あるプレーやファンの応援を観るだけで十分に楽しめます。

ＮＨＬ（※1）所属のカナックスの本拠地ロジャーズ・アリーナ（18,810人収容。バスケの試合では19,700人）はダウンタウンにあり、チケットは＄50前後〜でオンラインで購入可能（残席あれば当日券も）。会場ではホットドッグやバーガー、ピザ、アルコール類などの売店、上階にはビュッフェ形式のレストランやバーもあるので、試合観戦をしながら楽しめます。選手の動くスピードはとても速いので（パックの最高時速は180km/hとも）、ビギナーにはリンクそばよりも上の左右ゴール中心あたりの席のほうが試合が分かりやすいです。会場は寒いので防寒対策をしっかり（携帯用使い捨てカイロやひざ掛けなど）。スタジアム内での撮影は許可されていますが、大きなレンズフードや自撮り棒は持ち込み禁止です。

基本ルール

リンク上でスティックを使って、黒い円盤状のパック（直径76mm）をゴールに入れたら1点。リンクでプレーできるのは各チーム6人（うち1人はゴーリー＝キーパー）で、選手の入れ替えは無制限。反則した選手は2分間ペナルティボックスに入れられ、プレーできる選手が減るため不利になる。1試合は20分×3ピリオドの合計60分。勝敗が決まらない場合はどちらかのチームがポイントを決めるまでオーバータイムとなる。

◎セキュリティチェックがあり、35×35×15cmを超える荷物は預ける（飲食物の持ち込みも禁止）。
◎カナックスのオフィシャルグッズショップはPat Quinn WayとPacific Blvdの角。

※1：北米プロアイスホッケーリーグ。アメリカ24、カナダ7の全31チームで、東西2つのカンファレンスに分かれ、各カンファレンスでさらに東西2つのディビジョンに分かれる。シーズンは10〜4月。各チームホーム41試合、アウェイ41試合の全82試合で、NHL優勝を決めるのがスタンレー・カップ。

Rogers Arena [ロジャーズ・アリーナ]
800 Griffiths Way, Vancouver
rogersarena.com

アメリカンフットボールのカナダ版、カナディアンフットボール。BCプレイス・スタジアムは、CFL（※2）のバンクーバーのチーム、BCライオンズの本拠地で、54,320人（フットボール時）の収容能力を誇ります（※3）。試合のある日はBCスタジアム前の仮設舞台でチアリーダー達の応援パフォーマンスや関連イベントが行われ、お願いすれば記念撮影にも応じてくれます。

ハーフタイムにはチアリーダーの華やかなパフォーマンス、クイズやゲームなど、エンターテイメントが盛りだくさん。売店ではホットドッグ、ハンバーガー、スープなどの軽食やアルコール類も購入できます。

開閉式屋根を持つドーム型屋内競技場で、夏の天気の良い日はルーフオープンでの試合に。時間帯によって強い日差しが当たる席もあるので日焼け止めや帽子、サングラスは持参を。空席がある場合、通路にあるインフォメーションブースで事情を説明すれば、席の交換をしてくれることも（ランクが上がる場合は追加料金あり）。また、夏でも夜はひんやりするので、羽織るものがあると安心です。荷物は足下にしか置けないのでコンパクトに！（持ち込み禁止のものはロジャーズ・アリーナと同様）

※2：1909年から続くカナダ独自のリーグで国内9チームあり東西2ディビジョンに分かれる。シーズンは6〜11月。各チーム18試合ずつあり、優勝を決めるのがグレイ・カップ（カナダ版スーパー・ボウル）。
※3：バンクーバー・ホワイトキャップス（プロサッカークラブ）の本拠地でもある。施設内にはBCスポーツ殿堂博物館も併設、映画『バンクーバーの朝日』（2014）で話題となった日系カナダ移民の野球チーム、バンクーバー朝日軍も2005年に殿堂入りした。

BC Place [BCプレイス・スタジアム]
777 Pacific Blvd, Vancouver
www.bcplace.com

基本ルール

アメフトよりも広いフィールド（両ゴールライン間110ヤード）で、楕円形のボールを奪い合いながら敵陣のエンドゾーンにボールを蹴り、ボールデッドすると得点となる。10ヤード進むのに3ダウン（攻撃）まで許される（アメフトは4ダウン）。フィールドでプレーできるのは各チーム12人。試合時間は60分、ハーフタイムショーなども含むと全体で3〜4時間。

バンクーバーの
スーパー&デパート事情

旅先での楽しみのひとつがショッピング。海外のめずらしいものや、デパートでは化粧品から靴など誘惑がいっぱい。モールは日本にもあるブランドも出店してますが商品が違うので要チェック。生活が垣間見えるスーパーでは、おみやげも揃いますよ！

デパート&ショッピングモール

[Department Store & Shopping Mall]

カナダのデパートは、高級ブランドの靴や服が無造作に並べられていて雰囲気もカジュアル。さまざまな国の人がいるのでデザインやサイズ展開も豊富です。扱い品目の多い老舗デパートもありますが、注目はHolt Renfrew（ホルト・レンフリュー）のような高級ブランドの靴や洋服、バッグなどを扱う大型ファッション店。デパートと専門店の中間のような感じです。そして、セールも魅力のひとつ。日本よりも下げ幅や期間が長いので、バンクーバーへ来るついでにそれを楽しみにしている人もいるほど。

オリンピックのカナダのユニフォームを手掛けることでも有名な老舗デパート「The Bay」。

Holt Renfrew

[ホルト・レンフリュー]

セレブ御用達の高級デパート

主に高級ブランドの洋服や靴、バッグ、化粧品を扱う専門店デパート。夏と冬のセールは見逃せません。カジュアルウェアセクションにはセールラックがあります（売り場の美観を損なうのでセール表示はない）。移動用ラックにかけてあるタグをチェックして！

737 Dunsmuir St, Vancouver
☎ (604) 681-3121
🕐 10:00（日曜11:00）～19:00（水土曜21:00）、一部祝祭日休み
www.holtrenfrew.com
MAP P.9 / B-3

2階にHolt直営のカフェもあり、14～18時はアフタヌーンティー（$40）も楽しめる。

W Georgia St×Howe Stの角の入り口。Dunsmiur StやW Pender Stにも入り口あり。

化粧品売り場には有名ブランドのフレグランスやアロマキャンドル、ルームコロンも充実。

Pacific Centre

[パシフィック・センター]

ダウンタウンのショッピングモール

　100店舗以上のショップが入ったダウンタウンの中心に位置するモールで、主にアパレル、靴、化粧品関係のショップが多いです。スカイトレイン・エキスポラインのグランビル駅やカナダラインのシティセンター駅、フォーシーズンズホテル、ホルト・レンフリューやザ・ベイ、ノードストロームにも連結しています。

701 W Georgia St, Vancouver
☎ (604) 688-7235
🕐 10:00 (土曜20:00)〜21:00 (日月火曜19:00)、一部祝祭日休
www.cfshops.com/pacific-centre.html
MAP P.9 / C-3

Nordstrom

[ノードストローム]

靴売り場が圧巻！

　2015年にバンクーバーにオープンしたシアトル発祥のデパート。取扱い商品は化粧品、アパレル、靴、バッグなど。もとが靴屋だったので1階の靴売り場には高級ブランドの靴がこれでもかと並んでいて、気軽に手に取って試し履きできます。こちらもセールは要チェック。

799 Robson St, Vancouver
☎ (604) 699-2100
🕐 10:00〜21:00、日曜11:00〜19:00、
一部祝祭日休 (7/1は休業)
shop.nordstrom.com
MAP P.9 / C-3

Farmers Markets [ファーマーズ・マーケット]

ロハスな地元っ子が愛する青空市場

　農業大国カナダ、なかでも気候に恵まれたBC州は地産地消を支持する人や企業が多く、地元有名シェフ達も大きなムーブメントとしてFarm to Table（ファーム・トゥ・テーブル）を掲げてレストラン業界を牽引してきました。1995年からスタートしたバンクーバー・ファーマーズ・マーケットも年々規模が拡大。今ではダウンタウンやメイン・ストリートなど9か所で5〜10月に週1回開催しています。いちばん規模が大きいのが約50のベンダーが出店するキツラノのマーケット (5〜10月に週1回)。多くが野菜農家ですが、養蜂農家やチーズ工房、さくらんぼ農家、エアルームトマト（大量生産されていない原種のトマト）の農家も出店します。

　ダウンタウンはクイーンエリザベス・シアターの横のシアタープラザとネルソン・パークの2か所で、出店数はどちらも約30店舗。野菜農家以外にワインやパンの店、フードトラックやコーヒートラックも出ます。キッチン付きの宿泊施設に滞在している場合は食材探しに、そうでなくても日本ではめずらしい野菜やおみやげにぴったりのハチミツやソルトの生産者のテントが並ぶのでぜひ足を運んでみてください。ストリート・ミュージッシャンの演奏も楽しめてにぎやかです。eatlocal.org

⚠ エコバッグ（どの店も袋は用意していない）と現金を持参すること

１地域によって曜日や時間が違うのでHPでチェックを。２驚くほどたくさんの種類のエアルームトマトが並ぶ。好きな種類を好きなだけ買える。

[Supermarket & Drug Store]

スーパーマーケット＆ドラッグストア

広い野菜果物売り場にはケールやカラフルなニンジン、葉物野菜の種類も豊富。
©ElasticComputeFarm

覚えておこう！

・基本的に買った商品は自分でカゴから出してレジカウンターに置く。それをお店の人がスキャンを通してショッピング袋に入れてくれる（エコバッグ持参の場合は手渡す）。
・基本はクレジットカード払い。現金支払う人は少数派。

Whole FoodsやUrban Fareのエコバッグはおみやげにぴったり。保冷バッグもある。

バンクーバーのスーパーマーケットは高級なものと低価格を謳っているものがあり、店ごとに客層も年齢層も違います。30〜40代が多く住むダウンタウンには高級なスーパーマーケットが集まっており、仕事帰りに少々価格が高くても時間の無い人が手間を惜しんで立ち寄ります。また住宅地には周辺環境に合った店が出店しています。スーパーを覗いてみるとそこの地域性が見えてくるのがおもしろいところ。日本のスーパーマーケットとはまた違った雰囲気を楽しんでみてください。

ストック食材はおみやげにぴったり。

Urban Fare

[アーバンフェア]

お惣菜が充実

　ダウンタウンを中心に4店舗展開する都会型スーパーマーケット。低価格スーパーマーケットSave-On-Foods（セイボンフーズ）と同じ会社が経営する高級版。お惣菜コーナーが充実していてイートインスペースもあります。

コールハーバー店／305 Bute St, Vancouver
☎(604)669-5831
🕐7:00〜22:00、一部祝祭日休
urbanfare.com
MAP▶P.8 / A-2

ひと束買って帰りたくなる入り口の花売り場。

Whole Foods Market

[ホールフーズ マーケット]

オーガニック食品ならここ！

　オーガニック食材中心のスーパーマーケットで、市内に4店舗あります。肉、魚、野菜など生鮮食品をはじめメープルシロップ、ドライフルーツなども高いクオリティ。サプリメント売り場も充実。イートインスペースあり。

キツラノ店（旗艦店）／2285 West 4th Ave, Vancouver
☎(604)739-6676
🕐8:00〜22:00、一部祝祭日休
www.wholefoodsmarket.com
MAP▶P.11 / C-1

広い冷凍食品売り場には、チンするだけのTVディナーもずらり。

1996年創業。ハードウッドフロアの床がおしゃれ。

Safeway

[セーフウェイ]

大型スーパーの代名詞

　カナダ全土に183店舗を展開するチェーン店の大規模スーパー。商品構成から一般的なカナディアンの生活が垣間見えます。店舗が広いので、扱っている商品の種類も豊富。

ロブソン・ストリート店／1766 Robson St,Vancouver
☎(604)683-6155
🕐7:00〜24:00、一部祝祭日休
www.safeway.ca
MAP P.8 ／ A-1

Meinhardt

[メインハルド]

お屋敷街御用達スーパー

　日本でいう明治屋や紀ノ国屋といった感じの高級スーパーマーケット。近所の高級お屋敷街の住民を対象としていて全体的にお高め。お惣菜やケーキもおいしい。

サウスグランビル店／3002 Granville St, Vancouver
☎(604)732-4405
🕐7:00〜21:00、日曜9:00〜20:00、一部祝祭日休
www.meinhardtfinefoods.com
MAP P.11 ／ B-1

コスメ売り場も充実。めずらしい色のネイルもある。

オリーブオイルやパスタは種類も豊富。

London Drugs

[ロンドン・ドラッグ]

生活用品ならなんでも揃う

　バンクーバー発祥の家電と生活用品のドラッグストア。70店舗以上あるチェーン店。本業は薬局なので市販薬の種類も充実。滞在中に何か必要なものがあればとりあえずここへ行ってみて。

ロブソン・ストリート店／1187 Robson St, Vancouver
☎(604)448-4819
🕐9:00(日曜・祝祭日10:00)〜22:00、一部祝祭日休
www.londondrugs.com
MAP P.10 ／ C-1

Bosa Foods

[ボーサ・フーズ]

イタリアがいっぱい

　イタリア系移民が多く住むコマーシャルドライブにあるイタリア系スーパーマーケット。80％以上がイタリア系食品。調理道具も扱っています。生パスタやシャルキュトリ(肉加工品)はもとよりお惣菜も充実。

562 Victoria Dr, Vancouver
☎(604)216-2659
🕐8:00〜17:30(金曜18:30)、日曜・祝祭日休
bosafoods.com
MAP P.7 ／ B-2

情緒漂うトレンディタウン

Gastown

[ギャスタウン]

Powell StとAlexander Stの 交差点に面して建つHotel Europe は1909年の建物。©Destina BC/Great Harder

　ダウンタウンの北東の海側に位置するギャスタウンはバンクーバー発祥の地と言われ、目抜き通りのWater St（ウォーター・ストリート）とCarrall St（キャロール・ストリート）の交差点には、1867年にこの地ではじめてパブを開いた渡し舟の船長だったイギリス人、ギャシー・ジャック（本名：ジョン・デイトン）の銅像が立っています（ギャスタウンは「ギャシーの町」が由来）。

　Water StはW Cordova St（ウエスト・コルドバ・ストリート）とRichards St（リチャーズ・ストリート）が交差する三叉路から東へ3ブロック続き、ギャシーの銅像のあるCarrall Stとの交差点まで東西に続く約600mのレンガ造りの建物が並ぶクラシカルな街並みの通り。そのなかほど、Cambie St（キャンビー・ストリート）と交わる角に蒸気時計（1977年にレイ・サンダースによってつくられた世界初の蒸気時計。15分ごとに蒸気を噴き上げる）が建っており、ここを境に西はみやげもの屋が多く、東に行くにつれおしゃれなショップやレストランが軒を連ねるホットな地域です。ただし、この道と並行しているE Hastings St（イースト・ヘイスティングス・ストリート）は大変危険な通りなので昼間でも絶対に足を踏み入れないでください（P.10参照）。

ギャシー・ジャックの銅像周辺はトレンディなショップやレストランが集中している。©Tourism Vancouver

蒸気時計はダウンタウンのセントラルヒーティングシステムの蒸気を使っている。

©Mariko Evans

Örling & Wu

ショップ（ライフスタイル雑貨）

良質な雑貨セレクトショップ

　ギャスタウンの目抜き通りに大きな店構えのライフスタイル・セレクトショップ。素敵な入り口に引き込まれるように店内へ。小物類、キッチングッズ、バスグッズなどを扱っています。2009年のオープン以来、専属バイヤーが世界中から選りすぐりの商品を集めてきています。

　おすすめはカナディアンのオーガニックのルームセンス（芳香剤）ブランド「Lucia」の製品。オーガニックキャンドル4種類セットが$25など、値段も良心的でクオリティも高いブランドです。天然の松の香りを有機大豆のワックスで固めた香りのプレートScented Wax Tablet（2枚入り$22）は衣類の引き出しに入れて移り香を楽しんだり、ドアノブにぶら下げてルームコロンとしても使えます。これは16世紀の製法によってつくられたもの。

28 Water St, Vancouver
☎(604)568-6718
🕐10:00〜18:00、日曜11:00〜17:00、一部祝祭日休
🚶蒸気時計から東へ徒歩3分
www.orlingandwu.com
MAP P.10 / C-1

世界中からセレクトされたグッドデザインのインテリアグッズが並ぶ店内。

癒される松の木の香りのハンドソープ（$19）。

ハンドソープと同じLuciaのおしゃれなワックスタブレット（2枚入り$22）。

ゆったりとした空間に並べられたグッズはどれも魅力的。

一杯いっぱいていねいに淹れるサードウェーブ。

多 国 籍 文 化 の 街 で カ フ ェ め ぐ り

リボルバー（P.66）はいちばん人気のカフェ。

　バンクーバーから約200km南の街シアトルで30年ほど前にはじまった、コーヒーのセカンドウェーブ。深煎り豆で淹れたコーヒーがバンクーバーでも一大ブームとなりました。それがすっかり定着した近年、新たにサードウェーブが流行っています。

　世界各地のコーヒー農園まで行って収穫方法やフェアトレードなど生産工程を重視したコーヒー豆を契約し、その焙煎方法はもとより、淹れ方もドリップ式で、バリスタが作法のようにていねいに淹れるサードウェーブ。その結果、バンクーバーのコーヒーは、オーガニックで高品質、店ごとに酸味が強かったり苦みや香りを重視したりと個性を主張する楽しいものとなりました。サードウェーブのカフェは、ギャスタウンを中心に多くあります（P.66、67参照）。

　またこれとは一線を画す形で、昔から根強い人気があるのがフレンチスタイルのカフェやイタリアンのカフェ。フレンチシャビー・スタイルとして人気なのが、一軒家カフェ「レ・マルシェ・セント・ジョージ（Le Marche

1 南仏の雑貨屋さんのようなかわいい店内。2 クロワッサンや焼き菓子の陳列棚も魅力的。3 本格的なクレープ（$5〜10）も味わってほしい。

Cafe Calabria［ カフェ・カラブリア ］
1745 Commercial Drive, Vancouver
☎ (604) 253-7017
⏱6:00〜22:00、無休（一部祝祭日は時間変更あり）
www.cafecalabria.ca
MAP P.12 / A-2

Le Marché St. George［ レ・マルシェ・セント・ジョージ ］
4393 St George St, Vancouver
☎ (604) 565-5107
⏱8:00〜18:00、一部祝祭日休
marchestgeorge.com
MAP P.12 / B-1

caffe

St.George)」。カプチーノを頼むとフランス式に持ち手無しのカップ＆ソーサーで。本格的なそば粉を使ったおいしいクレープはヴィンテージのピューター・プレートでサーブされます。

　イタリア人コミュニティのあるコマーシャルドライブで1976年から地元ファンに愛され続けているのが「カフェ・カラブリア（Cafe Calabria）」。イタリア系移民、フランシスコ・マードッコ（Francesco Murdocco）の息子たちが経営するキッチュなカフェです。おすすめはエスプレッソ、パニーニ、そして夏場はジェラート。店内にはローマ時代の銅像の複製がいくつも並び、システィーナ礼拝堂を模した天井画、壁には往年のハリウッドスターとオーナーが写った写真が飾られ不思議な雰囲気。味には定評があるので気後れせずに入ってみて。

　このほかにも多国籍文化のバンクーバーには興味深いカフェがいろいろあります。通りがかりに気になるカフェがあったらぜひ入ってみてください。きっと楽しい発見がありますよ。

4 バンクーバーなのにイタリアにいるような錯覚が起きる店内。5 自家製ジェラートは隠れファンが多い。6 パニーニ（$7〜10）は本場の味。

Revolver

[リボルバー] カフェ

ギャスタウンでいちばん人気のカフェ

　北米のこだわりの焙煎所から届くコーヒー豆を厳選して淹れる、バンクーバーのコーヒー界のサードウェーブを牽引する専門店。そんなオーナーのスタイルがウケてひっきりなしにお客がやって来ます。一見店内は狭く見えますが、隣の店もこの店の敷地なので、カウンターに並んでコーヒーを買ったら、奥でつながっている隣のスペースへ。

　私のおすすめはエスプレッソのテイスティングフライト（＄7.50）。2種類の豆で淹れたエスプレッソをそれぞれストレートのままとカプチーノにしたものが小さなグラスに並び、まるで宝石のようにていねいにサーブされます。ストレートはとても苦酸っぱいのでイタリア式にたっぷり砂糖を入れて一気に飲みましょう。カプチーノ（＄4.50）もおすすめです。

325 Cambie St, Vancouver
☎(604)558-4444
🕐7:30(土曜9:00)〜18:00、日曜休
revolvercoffee.ca
🚶蒸気時計から徒歩2分
MAP P.9 / C-4

何人ものバリスタが忙しくコーヒーを抽出する姿は圧巻。客も忍耐強く待つ。

テイスティングフライト（$7.50）は豆の味の違いがはっきりわかって興味深い。

ギャスタウンらしい古い建物の名残のある外観。

奥に長い店内は人が行き交うのもやっと。手前で注文して奥で商品を受け取る。

Timbertrain
Coffee
Roasters

[ティンバートレイン・コーヒー・ロースターズ]

カフェ

日本の喫茶店を思わせるブース席。

チェリーやチョコレートの風味を感じさせる芳醇な味わいのコスタリカ豆（$5.50）。

コーヒー豆（340g入りで$20前後）はおみやげにぴったり。

神経を集中させ、ていねいに淹れてくれる。コーヒーの温度は日本より低め。

ロースター経営のカフェで味わう

　サードウェーブコーヒー激戦区で安定したファンを持つ人気店。こちらは焙煎所（ロースター）が経営するカフェです。まるで汽車のなかのようなテーブル配置でモダンな内装がどこかレトロで懐かしい。コーヒーはぜひともストレート（$5.50）で味わってほしいお店です。金属製のドリッパーでじっくりと抽出してくれるコーヒーはバランスが良く上品でフルーティーな味わい。今更ながらコーヒーの奥深さを再認識させてくれます。

　店頭でパックに詰めたコーヒー豆も売っているので、飲んでみて気に入ったら自分へのおみやげにいかがでしょう。ちなみにこちらのお店は席数が少ないので混みそうな時間を外して行くのがおすすめです。また店が面している道路はあまり治安が良くないので明るい時間に行きましょう。

311 W Cordova St, Vancouver
☎(604)915-9188
🕐7:00（土日曜8:00）〜18:00、一部祝祭日休
www.timbertraincoffeeroasters.com
🚇蒸気時計から徒歩2分
MAP P.9／C-4
◎グランビュー＝ウッドランズ店あり

本物のレンガの壁が残っているのもギャスタウンの建物の魅力。

おいそうなパンや焼き菓子がショーケースにいっぱい！

Purebread

[ピュアブレッド] `ベーカリーカフェ`

159 W Hastings St, Vancouver
☎(604)563-8060
🕐8:00〜18:00、無休
www.purebread.ca
🚶蒸気時計から徒歩4分
MAP P.9 / C-4

バンクーバーで大人気のベーカリー

　スキー場で有名なウィスラーのパン屋さんがバンクーバーのファーマーズマーケットに出店して、あっという間に行列ができる人気店となり、ついにギャスタウンに路面店を開いたのが2015年。2018年にはさらにキツラノとマウント・プレザントにも出店しました。素朴でおいしいカナダらしいパンや焼き菓子に、バンクーバーっ子はもう夢中です。

　イートインもできるのでおやつや軽い朝食におすすめ。テイクアウトしてホテルで食べるのもナイス。パンのほか、ペーストリー、ケーキなどラインナップは約50種類。なかでもとくにカナディアンに人気なのは、アーモンドクリームが入って粉砂糖がたっぷりかけてあるお菓子タイプの甘い、アーモンドクロワッサン（$4.75）。コーヒーと一緒に召し上がれ。

通りからも店内がよく見える。

一部商品は市内のファーマーズマーケット（P.57参照）でも購入可能。

剥き出しの壁には、本物の古いレンガが。

海をイメージした店内。シェル型のブースは珊瑚色。

Coquille Fine Seafood Restaurant

[コキール・ファイン・シーフード・レストラン]

`レストラン（シーフード）`

おしゃれなシーフードレストラン

　ギャスタウンの人気レストラン「ラバトール（L'Abattoir）」の姉妹店として2018年にオープン。海をコンセプトにデザインされた店内は居心地の良いおしゃれ空間。11時半から深夜まで営業しており、15〜18時までのハッピーアワーはお手頃価格でおつまみ＆BC州ワインやビールが楽しめます。

　私のおすすめはランチメニューのツナクラブサンドイッチ（$18.95）やシーフードオムレツ（$18.95）。ビール好きとしては2018年にGrowler Craft Beer賞を受賞したFour Winds、もしくはR&B BrewingのIPAもおすすめ。ちょっと豪華な気分を味わいたい時は、生牡蠣やカニ、穂ホタテ、エビなどシーフードの盛り合わせ、シーフードプラター（2〜3人前$59.95）を。どれも新鮮で日本人でも十分満足できるレベルです。

1 ハッピーアワーメニューはかなりお得！（季節により内容変更あり）**2** 季節ごとの新鮮なシーフードが味わえる。**3** 通りに面した窓側は、陽射しが差し込むガラス張り。

181 Carrall St, Vancouver
☎ (604) 559-6009
🕐 11:30〜深夜、一部祝祭日休
www.coquillefineseafood.com
🚶 蒸気時計から徒歩5分
`MAP` P.10 / C-1

1 ビーチサイドバーのようなライトな内装のバーカウンター。2 新鮮な鱈のフライにサルサをトッピングしたタコス（$6.5）。3 イチオシのステーキタコス（$7）。4 レストランの入り口はCarrall St裏道のBlood Alley沿い。5 テイクアウト専門店の入り口。レストランへはここから入って店内の通路を通る。

Tacofino
Taco Bar

[タコフィノ・タコ・バー]

レストラン（メキシコ料理）

70年代風デザインのタコ・バー

　タコはタコスのこと。もともとバンクーバー島のトフィーノでサーファーに人気を博したことで、バンクーバーにも出店。市内だけでも5店舗あり、それぞれ売店、屋台、簡易食堂タイプなど形態もさまざま、どこもリゾートっぽくライトな雰囲気でちょいおしゃれな店内です。

　私のお気に入りはギャスタウン店。入り口は少しわかりにくい裏通りですが、ギャシー・ジャックの銅像からすぐなので迷うことはありません。100席ほどある広い店内は片側にバーカウンターも。イチオシは鱈のフライがフレッシュなフィッシュ・タコス（$6.5）。和牛の薄切り肉とパイナップル、チャヨテ（瓜の一種）のピクルスが挟んであるステーキ・タコスも実に美味。ランチタイムは行列ができるので早めに行きましょう。

15 W Cordova St, Vancouver（ギャスタウン店）
☎ (604) 253-8226
⏱ 11:30〜22:00（木〜土曜深夜）、一部祝祭日休
🚶 蒸気時計から徒歩5分
www.tacofino.com
MAP P.10 / C-1
◎イエールタウン店、マウント・プレザント店などバンクーバー市内に5店舗あり

Nuba

[ヌゥーバ]

ヘルシーなレバノン料理はいかが?

　健康志向の強いバンクーバーっ子が大好きなもののひとつがヘルシーフード。そんな彼らの強い支持を集めているのが、野菜をふんだんに使うレバノン料理。日本ではあまり馴染みがありませんが、移民の街バンクーバーでは大流行中。レモンやオリーブオイル、ヨーグルトやハーブやヒヨコ豆を使った料理は思いのほか食べやすく、栄養も豊富。とくにこのお店ではオーガニックな地元食材にこだわって、肉類はハラル、無農薬、ホルモン無添加のものを使っているのも人気の理由です。

　ちなみにランチタイム（12〜13時すぎ）はとても混むので避けたほうが無難。レバノン料理のメニューが分からない場合は、気軽にスタッフにおすすめなどを聞いてみましょう。親切に教えてくれますよ。

1 ランチタイムは行列ができるほど人気。**2** 狙い目は比較的空いてくる13時半すぎ。**3** 交差点の地下にある。**4** ラム肉のソテー、ヒヨコ豆のフムス、酢キャベツ、ポテト、辛いハーブソース添え（$16.50）。

207 W Hastings St, Vancouver（ギャスタウン店）
☎(604)688-1655
🕐11:30〜16:30(土日曜16:00)、17:00〜21:00(金土曜22:00)、無休
www.nuba.ca
🚇W Hastings StとCambie Stの交差点の角
MAP P.10 / C-1
◎キツラノ店、マウント・プレザント店など、バンクーバー市内に4店舗あり

1お花畑のような炙り寿司数種の盛り合わせ。**2**シェフおまかせ炙りプライム寿司（$58）。

Miku Restaurant

[ミク・レストラン] レストラン（寿司）

日本の炙り寿司の進化形

　2008年に宮崎からバンクーバーに進出した寿司店。ダウンタウンでいちばん景色の良いカナダ・プレイスのすぐそばに構えるこの店は、オーナーのたゆまぬ努力によって年々パワーアップし、今ではハリウッドセレブもやって来る、バンクーバーで予約の取れないレストランTOP3に入る人気店となりました。

　天井の片側の壁には京都の壁画家、木村英輝の鯉の絵がまるで泳いでいるかのようにダイナミックに描かれています。正面のガラス越しにはバラード湾と北の山々が美しく広がっていて思わず溜め息。おすすめは、カナダで進化した炙り寿司。醤油をつけずに楽しめるよう、ガーリック風味のタレやハラペーニョ＆炙りマヨなどのオリジナルソースを塗ったりとオリジナリティに富んだ工夫がうれしい驚きです。

炙り押し寿司$16～、ロール寿司$16～。

70-200 Granville St, Vancouver
☎(604) 568-3900
🕐11:30～22:00（火曜22:30、金土曜祝日23:00）、一部祝祭日休
mikurestaurant.com
Ⓜエキスポライン「Waterfront Station（ウォーターフロント駅）から徒歩2分
MAP P.10 / C-1

迫力の木村英輝の鯉の壁画。

タイミングが合えばクルーズ船も見られる。

心おどるクリスマスマーケット

　毎年11月下旬からダウンタウン内のオリンピック聖火台のあるジャック・プール・プラザで開催されるバンクーバーのクリスマスマーケットは、本場ドイツからの移民が多いこの国ならではの冬の一大イベント。

　会場に入るとまず目に入るのが特設のメリーゴーランド。きらきら装飾された乗り物に子どもたちは釘付けです。大人が乗っても楽しめますよ！　会場中央にはクリスマスモニュメントのヴァイナッツピラミッド (Weihnachtspyramide) を中心に約40軒ほどのブースが出店します。グッズのブースはフェルト製の動物のクリスマス飾りやオーナメント（$23〜）、木製品、ニットのお店などどれも心あたたまる手工芸製品ばかり。あつあつのグリューワイン（スパイス入りホットワイン）を買って、ふうふう飲みながらまわるのがおすすめです。さらに、冬の空気のなかで食べるジャーマンソーセージのホットドッグをほおばって、ほくほくのジャガイモにとーりチーズをのせたラクレットをつつけば、どんな寒さも吹き飛びます。会場奥の透明ビニールの大きな特設テントでプレッツェルをかじりながら飲むドイツビールもまた格別。雪をいただいた美しい北の山々と海を隔てたノースバンクーバーの絶景を楽しめる海側の席がおすすめです。

　夜も営業していますがかなり混み合うので、ゆっくり楽しみたい場合は平日の午前中からお昼にかけてが狙い目です。

1 ダウンタウンの高層ビル群と共にイルミネーションが夜空に浮かび上がる。©GoToVan **2** カップ料金を払えば、おみやげにもなるグリューワインのカップ。**3** 真冬の夕暮れのメリーゴーランドは郷愁を誘う美しさ。**4** フェルトのクリスマス飾り（$10前後）はツリーやドアノブに。クッションは$65。**5** 塩粒の付いたがっつりプレッツェルにコクのあるダークビールは大人の味。**6** 冷気を遮断したテントには長テーブルと椅子がある。

開催時期：11月下旬からクリスマス直前まで
会場：Jack Poole Plaza, 1055 Canada Pl, Vancouver
Ⓢ大人（13歳以上）$10〜、子ども（7〜12歳）$5〜（2018年）
◎入場料は時間や曜日によってさまざまな割引があるので、事前にHPでチェックを！
www.vancouverchristmasmarket.com
Ⓜエキスポライン「Burrard Station（バラード駅）」から徒歩8分
MAP P.9 / A-3

ローカルなアートと食文化を味わおう

Granville Island

[グランビルアイランド]

バンクーバーで私のいちばんのおすすめエリア。ダウンタウンからフォースクリーク（入り江）を挟んだ対岸、グランビル橋の高架下に広がる出島のような地域一帯です。かつては製材所などのある工業地帯でしたが、1970年代にパブリックマーケットを核とした再開発が行われました。それに伴いホテル、レストラン、アーティストの工房やショップもでき、今では人気スポットとしてにぎわっています。

アイランドの中心には1917年に設立されたコンクリート会社が今でも可動しています。2014年には、ブラジル出身の双子のアーティスト「OSGEMEOS（オスジェミオス）」が高さ23mの6本のサイロにカラフルなペイントアートをほどこしたパブリックアートを完成（作品タイトル「ジャイアンツ（Giants）」）。殺風景なエリアの雰囲気が一変しました。ぜひチェックしてみてください。

食と芸術と工業が共に共存しながら、高層ビル群そばのオアシスとして、年々パワーアップするグランビルアイランドをめいっぱい歩きまわってみてください。

■1 パブリックマーケットの北側のデッキ。この右手にアクアバス乗り降場がある。■2 コンクリート会社の「ジャイアンツ」。野菜のペイントのミキサー車も数台ある。■3 バラード橋の高架下がグランビルアイランドの入り口。

グランビルアイランドの歩き方

グランビルアイランド散策のおすすめルートをご紹介します。まず最初にカナダの旬の食材が集まるパブリックマーケット (P.76) へ。マーケット内にはフードコートもあり、食事やお茶もできます。天気が良ければそのままマーケットを抜け、北の海側のデッキへ出ると、青い空と白いカモメ、対岸のコンドミニアム群、入り江にヨットやおもちゃのような小型フェリーが行き交っている、のどかで美しい景観が広がっています。

次に、雑貨やキッチン用品が集まった向かいの建物「ネットロフト」(P.78) をチェック、それから屋外を散策しましょう。ワイン専門店 (P.79) でBCワインをチェックしたり、子ども心に戻っておもちゃ屋さんが何軒も入っている建物「キッズマーケット」を楽しんだり。締めにブリュワリー (P.84) でビールや、ザ・リバティ・ディスティレリー (P.83) で食前のカクテルを一杯飲んでから、サンドバー・レストラン (P.82) でお食事を。

昼前から夕方まで半日ゆっくりショッピングして食べて飲んで遊べます。

🚌ダウンタウンから50番バス「Eastbound W 2 Ave @ Anderson St」下車、徒歩5分
🚗サウスグランビルやキツラノ方面からなら、W 4th Aveからグランビル橋の高架下を車道に沿って海(北)方向へ
⛴ダウンタウンの「Hornby St」(5分間隔)、イエールタウンの「David Lam Park」(15分間隔) の各アクアバス(小型フェリー) 乗り場よりグランビルアイランド行きで約5分(大人$3.75、子ども(5～13歳)$2.25／⏰7:00～22:30(冬期20:30)／www.theaquabus.com

パブリックマーケット入り口。フードコートはここから入って左方向に進むとある。

キッズマーケットはグランビルアイランドブリュワリーの向かい側。

パブリックマーケットのデッキで何か食べる場合はカモメが来るので要注意。

1 縦横の細い通路にたくさんの店舗が並んでいる。食べながら歩いている人にぶつからないよう注意して。**2** 新鮮でめずらしい野菜やフレッシュハーブがあるので見るだけでも楽しい。**3** メープルシロップ専門店。加工品も揃っている。

Granville Island Public Market

［ グランビルアイランド・パブリックマーケット ］

市場（食品）

バンクーバーの食事情をウォッチング

　ヘルシー志向の強いバンクーバーっ子の冷蔵庫を満たすのがグランビルアイランドのパブリックマーケット（公営市場）。広大な屋内型マーケットのなかには八百屋、魚屋、肉屋、パン屋など食材を扱っているお店が約40店舗出店しており、バンクーバーっ子は週末に1週間分の食料品を買い出しに、大きなエコバッグ片手にここへやって来ます。

　生鮮食品や乳製品、加工肉などは日本へ持ち帰れませんが（※）、ここでは、その場で食べたりキッチン付きのホテルで食事される方におすすめしたい食料品店をご紹介いたします！

1669 Johnston St, Vancouver
☎(604)666-6477
🕘9:00～19:00、無休
granvilleisland.com/public-market
MAP P.75下

※肉加工製品は日本へ持ち込めない。
　チーズは個人消費ならOK（以下の動物検疫所のサイト参照）
　www.maff.go.jp/aqs/topix/dairy_products.html

ハム加工品コーナー。左奥のローストビーフは絶品。100gでも購入OK。

Oyama

［ オヤマ ］

いちばんおすすめの加工肉製品店

　ここのプロシュートやサラミ、ソーセージ類は市内の高級レストランの多くが使うほどの人気店。ハム類100g＄3前後～で、少量でもていねいにカットしてくれます。イノシシ肉のプロシュートは、熟成した香り、とろけるような口当たり、脂身の旨味といい、大満足間違いなし。サラミの一種のソシソン・セック（Saucisson sec）はラードの入り具合もワイルドで味わい豊かです（黒粒胡椒入りがおすすめ）。プロシュート6～7種類、パテ20種類前後、サラミは数え切れません。チーズの種類も多いので（カナダ産ゴートゴーダチーズ100g＄5前後～）、ホテルに買って帰って赤ワインのお供にどうぞ。oyamasausage.ca

茶葉専門のグランビルアイランド・ティーカンパニー。

Granville Island Tea Company
[グランビルアイランド・ティーカンパニー]

紅茶の香り漂う茶葉専門店

　1999年にカナディアンのカップルが創業。紅茶をはじめ中国茶や日本茶など約200種類もの世界中の茶葉を扱っています。店頭には無料のテイスティングティーが魔法瓶に入れて置いてあって自由に飲めます。
granvilletea.com

おみやげ用スモークサーモン。日本へ持ち帰れるものもあり。

Seafood City
[シーフードシティ]

人気の魚屋さん

　マーケットの入り口すぐにあり、新鮮な魚介類を扱っているのはもちろん、おみやげにちょうど良いサーモンパテの缶詰や、スモークサーモン、ニジマス、ホタテ、マグロの燻製などもあり、旅行用の梱包にも対応。日系人オーナーのブライアンさんは日本語が通じます。
www.seafoodcitygi.com

JJビーンのコーヒースタンド。

JJ Bean
[ジェイジェイ・ビーン]

バンクーバー発祥のロースターの店

　1996年バンクーバー発祥の自家焙煎珈琲の会社。店内には座る場所が無いのでゆっくり飲みたかったら外のベンチで。ここはダウンタウンなどバンクーバー全域にカフェがあります。jjbeancoffee.com

　生鮮野菜のお店もいくつかあります。ただ、苺などカナダのフルーツは日本のよう糖度を上げるように育てないのでおもいっきり酸っぱいです。
　マーケットのなかには惣菜を売っている店もたくさんあるので買ってホテルに持ち帰って食べてもいいし、マーケットの奥の突き当りには大きなフードコートがあり、飲食店が20軒ほど入っているので、手軽に食事を済ませたい場合はここで食べましょう。マーケットの中間の北側にもテーブルがいくつか置いてあるイートスペースがあります。

4いろいろな種類のキッシュやパイなど売っているのでぜひ試してみて！**5**お昼時にはフードコートのテーブルは満席になるので早めに席を確保して。**6**マーケット内のイートインスペース。フードコートが満杯でもここが空いてる可能性大。

Island Studio

[アイランド・スタジオ] ギャラリー（版画）

版画工房の小さなギャラリー

　グランビルアイランド内にある版画工房のギャラリー。工房がメインで毎日十数人の若手アーティストがそれぞれに版画の機械を使って作品を制作しています。ギャラリーの一角の小さなスペースに若手アーティストたちの版画が壁のラックに保存袋に入れてぶら下げてあり、その場で買うことができます。価格は$200前後から$1000以上のものまで。版画のタイプは木版画、銅版画、リトグラフ、シルクスクリーン、デジタルプリントなど。バンクーバーで活躍している日本人女性アーティストの素敵な作品もあるのでぜひチェックしてみてください。

1個展初日のレセプションは、誰でも入れる。**2**バンクーバー国際空港にも作品が飾られているマリコ・アンドウさんの版画。**3**真っ青な外観に赤い窓枠が目印。

1551 Duranleau St, Vancouver
☎(604) 669-1551
🕐10:00（土・日曜・祝祭日11:00）～17:00、無休
granvilleisland.com/directory/island-studio
🚶ネットロフト (Net Loft) そば
MAP P.75 / A-1

Vancouver Studio Glass

[バンクーバー・スタジオグラス]

ギャラリー（ガラス）、工房

気軽に手拭きグラスの作業工程見学

　バンクーバーの若手ガラス作家の作品が飾られたギャラリーとガラス工房併設の小さなショップ。2013年に現在のオーナーにバトンタッチされました。店内には若手作家のチャーミングなガラス製ペンダント（$50前後）や、この工房で作られている吹きガラスのグラス（$35）などが販売されています。ガラス作品の製造工程も見学できます。オーナーのベンジャミンさんが店内にいますので簡単な英語での質問OKです。

水色のハートと一緒にくっついているのはローストターキー（$55）。

1オーナーのベンジャミン・キケットさんの作品。**2**口にくわえたチューブで徐々にガラスを膨らませる工程は興味深い。**3**ハート形のガラスのペーパーウェイト（$33）。

1440 Old Bridge St, Vancouver
☎(604) 81-6730
🕐10:00～17:00（日・月曜18:00）、一部祝祭日休（営業時間変動あり）
vancouverstudioglass.com
🚶パブリックマーケットから徒歩2分
MAP P.75 / A-1

Kimdoly Beads

[キムドリー・ビーズ]

ビーズショップは色の洪水

　手仕事を尊重するアーティストが多いグランビルアイランドならではの、ビーズ好きな方が歓声を上げそうなお店。広い店内には壁一面にビーズの房がぶら下がり、棚もテーブルもすべてビーズ。レザーブレスの部品なども売っているのでその場で好みの組み合わせですぐつくれますし、完成品も売ってます。うれしいのはその価格。バンクーバーへ来た記念にぜひブレスレットかキーホルダー（＄10前後〜）をつくってみては？　ドリームキャッチャーもありますよ。

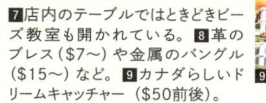

7 店内のテーブルではときどきビーズ教室も開かれている。8 革のブレス（＄7〜）や金属のバングル（＄15〜）など。9 カナダらしいドリームキャッチャー（＄50前後）。

103-1551 Johnston St, Vancouver
☎ (604) 683-6323
🕐 10:00〜18:00（日曜・祝日17:00）、一部祝祭日休
www.kimdoly.com
👣 ネットロフト（Net Loft）内
MAP P.75 / A-1

Granville Island Hat Shop

[グランビルアイランド・ハット・ショップ]

カナディアンは傘の代わりに帽子

　1983年創業の老舗帽子店。少しレトロな店内には子どもから大人まで、カジュアルからフォーマルまであふれんばかりに帽子が陳列してあります。カナディアンは雨や雪でも傘を差すのを好みません。その代わりが帽子やフード。時に人気はニット帽と野球帽。

　北米で親しまれているソックモンキー色（赤・霜降りグレー・白の3色）を使ったカナダ国旗のメープル柄のニット帽やマフラーは旅の記念にぴったり。気軽に試着もできます。

10 さまざまなメンズの帽子も。夏にはストローハットが並ぶ。11 ちょっとレトロなフェルトの帽子（＄100前後〜）。12 カナダ国旗のメープル柄のニット帽（＄48）。

#4-1666 Johnston St, Vancouver
☎ (604) 683-4280
🕐 10:00〜18:00、一部祝祭日休
www.thehatshop.ca
👣 ネットロフト（Net Loft）内
MAP P.75 / A-1

■1動物をテーマにした ハンドクラフトの キュートなグッズ。どれも$10前後。■2家に連れて帰りたくなる不思議な動物ぬいぐるみ（$40前後）。

■3キム・オブライアン（Kim O'brien）のニードルフェルトの作品は不思議な世界観。■4コーヒー用の紙コップホルダー。無骨でかわいい。■5一見お店があるように見えない一角。このブルーグリーンの塗装が目印。

1243 Cartwright St, Vancouver
☎(604)682-8838
🕐10:00（土曜12:00）〜17:00、日曜12:00〜18:00、一部祝祭日休
ainsworthcustomdesign.com
📍グランビルアイランド・ホテル（P.133）の斜め向かい
MAP P.75 / A-2

Ainsworth Custom Design

[エインズワース・カスタム・デザイン]

ショップ（クラフトアート）

BC州アーティストのクラフトが大集合

　パブリックマーケットから少し歩いたところにある隠れ家的グッズショップ。本来は家具製作工房ですが、その一角と2階の一部が地元アーティストのクラフトアートショップとなっています。足を踏み入れれば不思議かわいい作品があふれんばかりの空間。約40名のアーティストがつくったマスコット、カード、クリップ、ぬいぐるみなどどれも個性的でながめているだけでも楽しい気分。

　フェルトでできた動物の指人形は白頭ワシを筆頭にクジラ、クマ、ヘラジカ、ビーバーとどれもBC州を代表する野生動物たち。作者のシャーロッテ・ドロンさんの意向で価格（$30）の10%はBC Children's Hospital Foundation（BC州子ども病院財団）へ寄付されます。またコーヒーショップの紙コップのホルダー（Cup Sleeve）はウールのセーターを再生させたもの。自然環境保護の視点からつくられたものが多いのもBC州アーティストの特長です。

■木造のロッジのようなエントランス。■シールやメモ帳、メッセージカードやしおりなど文房具女子は胸キュン。

Paper-ya

[ペーパーヤ] ショップ（文房具）

かわいい文房具ならここ！

　1986年に2人のアーティスト、デニス・カーソン・ワイルドさんとシャーン・イェンさんがはじめた、「世界中から新しくて楽しく、創造的なものを」というコンセプトの文房具店。チャーミングなクリップやメモ帳、アートなカレンダーなどの文房具が並んでいます。ペーパー屋の「屋」は日本語から。近年は文房具だけでなくバッグや卓上置物など扱い商品も広がりをみせている、今も昔も変わらないグランビルアイランドの名店のひとつです。

#9-1666 Johnston St, Vancouver
☎(604)684-2531
🕙10:00～19:00(1～3月18:00)、一部祝祭日休
paper-ya.com
🏠ネットロフト(Net Loft)内
MAP P.75 / A-1

Liberty Wine Merchants

[リバティ・ワイン・マーチャンツ]
ショップ（ワイン）

BC州ワインはお好き？

　BC州ワイン（P.165参照）の品揃えが充実したワイン専門店。エディブル・カナダ（P.84）のレストランで気に入った銘柄に出会った時も、ここでワイン通のマネージャーに相談にしてみてください。

　少し値は張りますが、カナダのワインとして有名なアイスワイン（＄40前後～）もおみやげにおすすめです。オーガニックワインもいろいろあるので試してみて。パブリックマーケットのオヤマ（P.77）でプロシュート、この店でBC州ワインを買って、ホテルの部屋でゆっくりと味わうのも旅先ならではの醍醐味です。

■店内は床から天井近くまで世界中のワインでびっしり。■アイスワインのセレクションだけでも数十種類ある。■あまり目立たない外観なので通り過ぎないように気を付けて！

1660 Johnston St, Vancouver
☎(604)602-1120
🕙9:30(土・日曜9:00)～20:00(金・土曜20:30)、一部祝祭日休
libertywinemerchants.com
🏠パブリックマーケットの横向かい
MAP P.75 / A-1
◎ポイントグレー店など、バンクーバー市内に6店舗あり

The Sandbar Seafood Restaurant

[ザ・サンドバー・シーフードレストラン]

レストラン（シーフード）

絶景レストランでお寿司をつまむ

　スタンレーパークやコールハーバーにレストランを展開するセコイア・カンパニー（Sequoia Company）でいちばんの人気店。出島の形をしたグランビルアイランドの、さらに海に面した立地は景色抜群。とくに3階のパティオは景色といい、屋外の暖炉といい、最高の雰囲気。

　以前バンクーバーはおいしい寿司で有名でしたが、それが今はラーメン屋ブームに変化。それでもここは昔ながらの寿司職人が健在。1階の寿司カウンターに陣取って目の前で握ってもらえます。寿司盛り合わせ（$29）、BCロール（$8）やサーモンアボカドロール（$12）もおすすめ。グランビルアイランド・ブリューイング（P.86）のビールやBC州のワインも揃っており、レストランメニューの料理も注文できます。週末は混むので予約はお早めに。寿司カウンターの狙いめは平日の17～18時。

1535 Johnston St, Vancouver
☎(604) 669-9030
🕙11:00～22:30、一部祝祭日休
www.vancouverdine.com/sandbar
🚶パブリックマーケットから徒歩1分
MAP P.75 / A-1

■2階から3階への階段脇にはフィッシャーマンの船のデコレーション。■カナダ料理に疲れたらこちらでお寿司はいかが？■建物の横にある入り口はサーモンの看板が目印。入って階段を上ると受付。■地元の人にも人気の3階のパティオ席。人気なので予約時に指定を。

The Liberty Distillery

[ザ・リバティ・ディスティラリー]

ウイスキー＆スピリッツ蒸溜所

クラフトディスティラリーがブームに

　2013年にバンクーバー初のウイスキー＆スピリッツの小規模蒸溜所（クラフトディスティラリー）としてオープン。　ここのスピリッツはBC州で収穫された100％オーガニックの穀物を使用して、すべて職人技の手づくり。北米ではクラフトビールの醸造所に次いで近年ブームとなりつつあります。

　店内は古き良き時代のスコットランドパブのイメージ。カウンターは鏡を背にマホガニーの重厚な造りでトラディショナルな高級感を出しています。

　ウイスキーやジン、ウォッカはテイスティングセット（ウォッカなど4種類/＄10.50）やカクテルを試せます。ショット売り（5オンス/＄2.50〜）もあります。おつまみメニューはオヤマ（P.77）のシャルキトリ（＄14）、プレッツェル（＄4.5）など。

　アメリカが禁酒法の時代、BC州はウイスキーなど酒類の輸出により大成功を収めた歴史があります。クラウンロイヤルなどカナダ産のウイスキーは日本にもファンが多く、そんなウイスキー好きな方へのおみやげとしてもおすすめです。

1 映画のセットのようなカウンター。2 サルーンの隣は蒸溜所。3 ガーリーなピンクフィズ（＄12）で素敵なひと時を。4 うっかり見落としてしまいそうな外観は赤いドアが目印。

BC州産のエルダーフラワーのシロップ（＄15.99）など、アルコール以外も販売している。

1494 Old Bridge Rd, Vancouver
☎ (604)558-1998
🕐 11:00〜21:00、一部祝祭日休
www.thelibertydistillery.com
🚶 パブリックマーケットから徒歩3分
MAP P.75 / A-1

Edible Canada

[エディブル・カナダ]

レストラン（カナダ料理）

BC州の大地の恵みを味わおう

　2005年、当時はまだまだ画期的な試みだった「地元の安全でおいしい食材を知ってもらう」ためにオープンした、BC州のファーム・トゥ・テーブルがポリシーのカジュアルレストラン。地元生産者がプライドを持って育てた野菜や食肉を使った料理がここで味わえます。

　シーフードは環境に配慮したオーシャン・ワイズ。高級魚の北極イワナを使ったフィッシュアンドチップス（＄22.5）や近海のアサリとオーガニック野菜を使ったクラムチャウダー（＄13）が私の定番です。BC州のスパークリングワインで軽く乾杯して楽しい旅を祝いましょう。ワインはBC州の地域別にさまざまなワイナリーのものが揃っています。店内の一角にBC州の食品を集めた小さなショップがあるので要チェック！

1 シーフードを手軽に味わうならクラムチャウダー。乳糖不耐症対応メニュー。**2** BC州ペンバートンバレーで全自然農法で育てたビーフのバーガー。**3** 半オープンキッチンのカジュアルな雰囲気。バーカウンターでBC州ワインを味わえる。**4** 初夏から秋にかけては表のパティオ席が人気。©Tourism Vancouver/Nelson Mouelic

1596 Johnston St, Vancouver
☎ (604) 682-6681
🕐 11:00（金土曜9:00、日曜・祝日10:00）～20:30（日曜17:00）一部祝祭日休
◎ ハッピーアワー：15:00～18:00、土日曜16:00～17:00
🚍 パブリックマーケット斜め前
ediblecanada.com
MAP P.75 / A-1

　エディブル・カナダ併設のBC州の食品を扱う店。グルメな観光客のために一般のおみやげ屋さんとはひと味違ったこだわりの商品を揃えています。おすすめは小規模農家のオーガニックメープルシロップや、バンクーバーアイランドで採れた高品質なハチミツ、ちょっと変わったところでメープルバター。スパイス系ではバンクーバーNo.1のインド料理店Vij's（P.94参照）のマサラ（カレー粉）。カレーはもとより野菜炒めやスープ、ピラフやパスタのクリームソースにスパイスとして入れると味がぐんと引き立ちます。

　また、移民の多い街なのでホットソース（唐辛子を原料としたソース）も充実しています。辛いのに旨みと甘みがあってピザやパスタ、バーガーやフライなどにぴったり。激辛好きの人はぜひ買ってみて。

ネイティブ・カナディアンの手づくりカヌーの商品棚。

☎ (604) 682-6675
🕐 10:00〜17:00、一部祝祭日休
ediblecanada.com/shop/

ケベック州産オーガニック・メープルシロップ（50ml $5.25、200ml $12.95）。

家族経営のケベック州産オーガニック・メープルシロップ（100ml $9.95〜）。

Vijsのマサラ（カレー粉）$14.95

ドライ加工したスモークサーモンは常温でOK。サーモンパテの缶詰はクラッカーに塗って。

スパイシーホットソースがずらり。スタッフに相談しながら買ってみて。

Granville Island Brewing

[グランビルアイランド・ブリューイング]

ブリュワリー、テイスティングルーム

カナダで最初のクラフトビール

　クラフトビール全盛のバンクーバーのなかでも火付け役と呼べるのがこのブリュワリー。グランビルアイランドの入り口ゲートをくぐったら、すぐ右手にあります。

　はじまりは1984年。カナダで最初のマイクロブリュワリーとしてスタートし、しばらくの間は従来の大量生産のビールとはまったく違った濃い味と泡立ちの悪さに賛否両論でしたが、今ではすっかり市民権を得て、バンクーバーっ子なら誰でも知ってる有名ブリュワリーとなりました。

　ペールエール、ハニーラガー、IPAなどベーシックなものはもとより、季節限定や新作も次々と登場するのでビール好きにはたまりません。

3

おすすめはもちろんテイスティング
セット（4種類で＄7）。工場見学ツア
ー＆テイスティング（1人＄11、約1
時間）も行っています。スタートは毎
日12:30、14:00、16:00、17:50の
4回。毎回先着10名なので参加したい
場合は電話で予約するか、グッズショ
ップのカウンターで申し込みます（な
お、ツアーは19歳以上）。

　テイスティングルームの隣のグッ
ズショップには、ロゴ入りグラス（$5
〜）やTシャツ、ビール買い出し用麻
のエコバッグ、ボールペンなどおみや
げにぴったりのものがいろいろありま
すよ。もちろんここのビールも売って
います。

1441 Cartwright St, Vancouver
☎(604) 687-2739
🕐12:00〜20:00、無休
www.gib.ca
🚶グランビルアイランドのゲートすぐ右手
MAP P.75 / A-1

1 テイスティングセットで選んだビー
ルは説明付きのメニューの上に置い
てくれる。2 ガーリックのフムス＆トル
ティーヤチップス、チキンウィング、タ
コスは各$10前後。3 店内のテーブ
ルからガラス越しに醸造所の中の作
業が見える。4 テイスティングルーム
はいつも混んでいる。狙い目は午前
中。5 麻布のエコバッグ（$9.95）、
バッグと缶ビールとのセット（$27.65）
6 市内のどこのリカーストアでも買え
るが、醸造所で飲むのがいちばん新
鮮。7 ショート丈のTシャツ。パーカー
やトレーナーも（$20前後〜）。

4

5

6

7

高級住宅地のショッピングエリア

South Granville

[サウスグランビル]

ダウンタウンからグランビル橋を渡ると、サウスグランビル。ショッピングエリアはGranville St×W 7th AveあたりからW 15th Aveまでで、そこから南のGranville Stの左右奥には各国公邸もある高級住宅街ショーナシー（Shaughnessy）です。そのお膝元として発生したこのエリアにはハイエンドな店が目立ち、治安も良く、女性ひとりでも安心してショッピングができます。おしゃれなインテリアショップが多いので、それを見てまわるだけでカナディアンのライフスタイルが垣間見られます。

W 14th Aveにある高級スーパーマーケット「メインハルド」(P.58)は惣菜が揃っていてイートインスペースあり。その近くにはおすすめのベーカリー「スモール・ビクトリー」(P.51)のサウスグランビル店があるのでおいしいコーヒー＆クロワッサンかケーキはいかがでしょう？

グランビル橋の下の道を北へ進めばグランビルアイランド。Ｆｉｒ Ｓｔ（Granville Stの西側に並行する通り）とW 4th Aveの交差点を西に2ブロック行けばキツラノの東端です。

©Tourism Vancouver/
Sombilon Studios

1 1930年にオープンした映画館「スタンレー・シアター」はこの地域のランドマーク。**2** さらに南のショーナシーにあるバンデューセン・ボタニカル・ガーデン (P.95) に行ったら、迷路にも挑戦してみては？ **3** スーパーマーケットの表入り口は季節の花で彩られている。

生活雑貨のブティックという言葉がぴったりのチャーミングな店内。

Bacci's

[バチーズ]

ショップ（インテリア雑貨）

高感度グッズのセレクトショップ

　私がバンクーバーに住みはじめた20年以上前は、ギャスタウンやイエールタウンはまだ治安の悪い倉庫街で、このあたりがいちばんおしゃれな地域でした。そんなサウスグランビルへウィンドウショッピングに来るたびに立ち寄るのがこのお店。英国カントリースタイルの食器やガラスの花瓶、羽箒やブラシ、リネン製品、フランス製の小物や編み物セットなど、バイヤーの高感度なセンスで選ばれた商品が店内にギュッと詰まっています。

　バンクーバーセレブの御用達ショップなのでちょっとお値段はお高めですが、セール品コーナーもあるのでチェックしてみてください。隣は同経営のアパレル・セレクトショップです。

2788 Granville St, Vancouver
☎ (604) 733-4933
🕐 9:45〜17:45、日曜・祝祭日休
baccisvancouver.com
📍 Granville StとW 12th Aveの交差点の北東の角
MAP P.11 / B-1

ニューイングランドの家族経営の石鹸メーカー「Kala」の製品が揃う。石鹸（$13）。

たっぷりサイズのマグカップ大$42、小$34。

いろいろなメッセージの入ったグリーティングカードは$7〜。

Heather Ross

[ヘザー・ロス] ショップ（インテリア雑貨）

美しい小物たちの世界

　北米のインテリア雑誌「House&Home」や「Western Living」などに写真や文章を寄稿するアーティストのヘザー・ロスさんのショップ。彼女は写真家、スタイリスト、作家といういくつもの顔を持っていて、感性豊かなセンスで旅先で見つけたものをまるで自分の家のようにこのお店に置いています。

　店内はまるでインテリア雑誌から抜け出たようなヴィンテージ＆ナチュラルな小物がいっぱい。アンティークの家具や鳥カゴ、ヴィンテージの食器や古いボトルなどのガラス製品、石ころ、石鹸、キャンドル、テーブルナプキンのほか、ストールやひざ掛けなどのテキスタイルも揃います。海と砂浜とパリの蚤の市が溶け合ったようなこのお店。ヘザー本人がお店にいたら声をかけてみて。きっと素敵な笑顔で迎えてくれますよ。

2170 Fir St, Vancouver
☎ (604)738-4284
⏰ 10:00～16:00、月・日曜・一部祝祭日休
heatherross.ca
Fir StとW 8th Aveの交差点から徒歩1分
MAP P.11 / A-1

1 フレンチシャビーという言葉がぴったりの個性的でドリーミーなお店。2 浜辺で拾った空き瓶やレトロなカップなど、値段は交渉次第。3 天然成分100％の石鹸はカナダ製（各$12.50）。4 ヘザー（右）とおしゃべりを楽しみながら買い物する常連さん。

1 おしゃぶりから子ども用ベッドまで。見るだけで楽しい。**2** コンセントに挿して使うスイッチ付きのライト（$46）。**3** 誕生日会用にパーティードレスや仮装ウェアも扱っている。**4** 子どもの頃にこんな素敵なベッドで寝ていたらどんな大人になるのだろう。

Pottery Barn Kids

[ポッタリー・バーン・キッズ]　ショップ（子ども用品）

おとぎの国のような子ども部屋

　子ども部屋のデザインをしていた2人のママが1999年にスタートした、カリフォルニアのキッチンブランド「ウィリアムズ・ソノマ」の系列会社のハイエンドな子ども家具ブランドのお店。国土が広いカナダは家も比較的広く（バンクーバーは例外）、子ども部屋のインテリアに凝る傾向のあるヤッピーな親たちに絶大な人気を誇ります。

　店内は女の子なら誰しも夢見るおとぎの世界のような子ども用ベッドや、思わず声をあげそうなかわいい小物がいっぱい。オーガニックコットン100%の寝具やおもちゃなどの製品の安全性も重視しています。木製の子ども用実寸大の冷蔵庫やシンクのおもちゃもありますよ。

2935 Granville St, Vancouver
☎ (604) 638-7494
🕐 10:00〜20:00、日曜11:00〜18:00、一部祝祭日休
www.potterybarnkids.ca
🚇 Granville StとW 13th Aveの交差点から南へ徒歩2分
MAP P.11 / B-1

Beaucoup Bakery & Cafe

[ボク・ベーカリー・アンド・カフェ] ベーカリーカフェ

おいしいペイストリーはいかが?

　サウスグランビルでおすすめのベーカリー。2017年に前のオーナーからこの店を引き継いだベティーはパリのエコールガストロノミーで訓練を受けた腕前の持ち主。弟と愛情込めて焼くベーカリーのファンは多く、毎日昼過ぎには売り切れるパンが続出。店内は狭いですが、東側が全面ガラスになっていて明るくて過ごしやすい雰囲気。季節によっては表のテーブルで食べることもできます。

　ガラスで仕切られたカウンターにはさっくり食感のアーモンドクロワッサン($4.75)、じっくり煮込んだリンゴのパイ($4.75)、フランス・ブルターニュ地方の伝統菓子クイニーアマン、私の好物のレーズンスクロール($3.50)などが並んでいます。数量限定のスモークサーモンやプロシュートのサンドイッチもおすすめ。

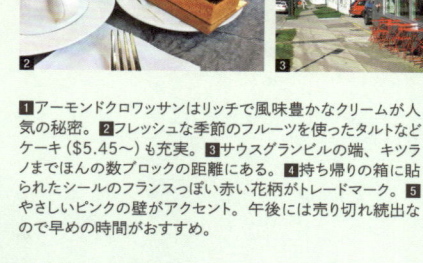
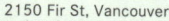
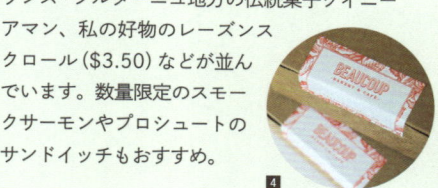

1 アーモンドクロワッサンはリッチで風味豊かなクリームが人気の秘密。2 フレッシュな季節のフルーツを使ったタルトなどケーキ($5.45〜)も充実。3 サウスグランビルの端、キツラノまでほんの数ブロックの距離にある。4 持ち帰りの箱に貼られたシールのフランスっぽい赤い花柄がトレードマーク。5 やさしいピンクの壁がアクセント。午後には売り切れ続出なので早めの時間がおすすめ。

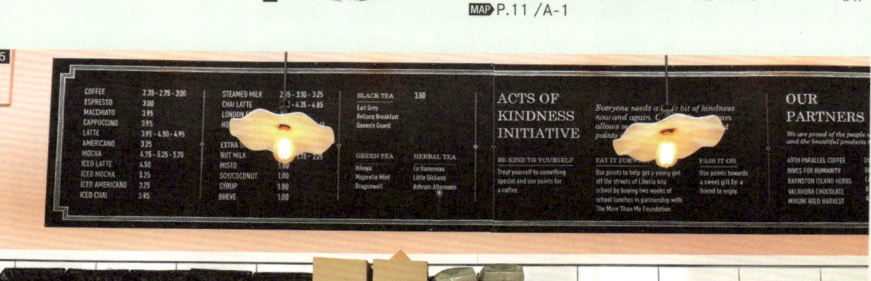

2150 Fir St, Vancouver
☎ (604) 732-4222
🕖 7:00(土日曜8:00)〜17:00(火〜金曜)、月曜・一部祝祭日休
www.beaucoupbakery.com
🚶 Fir StとW 8th Aveの交差点から徒歩1分(ヘザー・ロスの隣)
MAP P.11 /A-1

1 フレンチな赤い天井に黄色の壁。2 新鮮なムール貝は旨みたっぷりでほんのり磯の香り。3 あつあつのガーリックオイルで焼いたエスカルゴはフランスパンにのせて召し上がれ。4 しっとりふんわり焼き上げたキッシュの具材は日によって違うので要チェック。

1555 W 7th Ave, Vancouver
☎ (604) 714-5987
🕐 11:00（土曜10:00）～14:15、17:00～20:30
（金土曜は深夜まで）、日・月曜・一部祝祭日休
www.saladedefruits.com
🚏 Granville StとW 7th Aveの角から西へ徒歩3分
MAP P.11 / A-1

季節が良くなるとバンクーバーっ子はみんな屋外のパティオ席に陣取るのがお約束。

Café Salade de Fruits

[カフェ・サラダ・デ・フルーツ]

ビストロ（フレンチ）

みんな大好き街角のフレンチ食堂

　フランス文化会館1階のフランス料理のカジュアルレストラン。おいしいフレンチがお手頃価格で楽しめるので、文化会館で働く人も、向かいのクリニックの先生たちも、ご近所さんも、みんな通っています。秋から春にかけてはぷりっぷりのムール貝（＄23）がおすすめ。ランチタイムのキッシュ（＄13）は私の定番です。どちらもサイドでサラダかポテトが選べます。ディナーならガーリックの効いたエスカルゴ（＄12）や、フレンチオニオンタルト（＄15）は外せません。お肉が好きな人には鴨、ラム肉や、カリッと揚げたガーリック風味のカエルの足も。鶏のささ身のような食感で臭みもなくておいしいですよ。カエルを食べたことないけど挑戦したい方はぜひこのお店で！

1インド料理のイメージを変えるモダンなデザインの店内。**2**鶏肉のベンガリーカレー（$18）はスパイスたっぷりだけど食べやすいやさしい味。**3**コロニーのバーのような雰囲気。カクテルメニューはユニークな名前が並ぶ。**4**お昼前から深夜まで通しで営業しているので遅めのランチや早目のディナーに便利。**5**マリネして焼いたチキンに甘酸っぱいカレースープ、モヤシサラダとナンとライス付き。

Vij's Rangoli

[ビジーズ・ランゴーリ]

レストラン（インド料理）

カナディアンも大好きなインド料理

　バンクーバーNo.1のインド料理レストラン「ビジーズ（Vij's）」系列のカジュアルレストラン。2004年のオープン以来、サウスグランビル周辺のヤッピーや、インド料理はヘルシーと考えているカナディアン達に支持されています。タマリンドとヨーグルトでマリネしたグリルドチキン（$22.5）はジューシーで美味。ポートベロマッシュルーム（$22）やヒヨコ豆のカレー（$16.5）などベジタリアンメニューも充実しており、チャイやラッシーもあります。

　1967年創刊のカルチャー雑誌「Vancouver Magazine」で、2017年のインド料理部門のブロンズを受賞。エア・カナダの機内食（トロント便、ニューデリー便）も手がけています。平日の昼時にはダウンタウンにビジーズ・プロデュースのフードトラック「Vij's Railway Express」（1075 W Georgia St）も。

1480 W 11th Ave, Vancouver
☎(604) 736-5711
🕐11:30〜25:00（金土曜26:00）、一部祝祭日休
vijs.ca/vijs-rangoli
🚶Granville StとW 11th Aveの角から東へ徒歩1分
◎23:00以降は深夜メニュー（アルコールとスナックのみ）となる
MAP P.11 / B-2

さらに南へ足をのばして

舞妓さんのかんざしのようなキングサリが幾重にも咲き誇り黄色いカーテンのよう。© Wendy Cutler

VanDusen
Botanical Garden

[バンデューセン・ボタニカル・ガーデン] `植物園`

モネの睡蓮の絵にも似たサイプレス池。©Mike

植物図鑑のような花あふれる公園

　1975年に開園した、バンクーバー市民の憩いの場となっている植物園。5月中旬〜6月初旬に見頃を迎えるキングサリ（別名：キバナフジ、英名：ラバーナム）の名所としても知られてます。もとはゴルフコースの一部でしたが、現在は子どもたちの植物の学習の場としても活用されています。22ha（東京ドーム約4.7個分）という広大な面積に、四季折々の約7,500種類の植物が楽しめます。

　歩き疲れたらカフェでアフターヌーンティーを（お天気が良ければパティオで！）。サンドイッチ、飲み物、ひざ掛け毛布などが入ったピクニックバスケット（2人分 $40、季節限定）を園内の好きな場所で食べることもできます。ガーデンの奥の端にある植物の迷路「メイズ（Maze）」で迷ってみるのも旅の思い出になりそう。

5151 Oak St, Vancouver
☎(604)257-8335
●夏期9:00〜20:00（4・9月=18:00、5月=20:00）、冬期10:00〜15:00（3・10月=17:00）、一部祝祭日休
◉夏期（4〜9月）大人$11.25、13〜18歳$8.45、4〜12歳$5.50／冬期（10〜3月）大人$8.00、13〜18歳$5.50、4〜12歳$4.25
vandusengarden.org
🚌17番バス「Southbound Oak St @ W 37 Ave」下車すぐ（ダウンタウンより約30分）
◎園内は全面禁煙。野生動物に食べ物を与えるのも禁止。園内はとても広いので歩きやすい靴で行きましょう。4〜10月までボランティアガイド（英語）あり（詳細はHP参照）
`MAP` P.7 / B-2

12011年に建て替えられたビジターセンターは上から見ると蘭の花弁の形になっている。**2**センター内のカフェテリア「トラフルズ（Truffles）」。外に広いパティオあり。**3**アフタヌーンティー（2人分／$45）。食べきれなかったら箱に入れて持ち帰れる。

バンクーバーではオーガニックのドライフルーツやナッツがお手頃価格。パッケージに入っているものもあれば、Whole Foodsなど量り売りで買える店も。パッケージの場合はカナダ産かどうか確認するのを忘れずに（アメリカ製品も多いので）。右はメープルシロップコーティングのアーモンド（$5.49）。@Whole Foods（P.58）

繊細なフランス菓子にはほど遠い、ザックリ大らかな見た目と味がカナダっぽくて素朴な焼き菓子はカナディアンのソウルフードのひとつ。おすすめは動物や季節をテーマにしたKreationのクッキー。いろんなシリーズがあってどれもかわいい。@Whole Foods（P.58）

スーパーで買えるバンクーバーみやげ

カナダのおみやげといえばスモーク・サーモン、メープルシロップ、アイスワインが王道ですが、ここではスーパーで買えるバンクーバーならではのとっておきの品々をご紹介します！

バンクーバー近郊やバンクーバー島など自然環境と温暖な気候に恵まれたBC州は養蜂農家も多く、日本では貴重な百花蜂蜜（花の香り豊かで旨味やコクがある）もWild Flowerとして一般的に売られており、チーズと一緒に食べるのが今風。左はBC州の「Wildflower Honey」（$10.99）@Whole Foods（P.58）／右はバンクーバーのコマーシャルドライブで採取されたハチミツ「East Van Bees」（$16.00）@Le Marche St. George（P.65）

旧イギリス領バンクーバーならではの紅茶文化。とくにハーブティーはストレス改善やリラックス効果として、自然療法も兼ねて昔から愛用されている。スーパーマーケットの紅茶売り場は要チェック。おすすめはリラックス効果のあるカモミールやラベンダーなど。ほとんどがティーバッグで販売されている。カフェインが入っていないオーガニックハーブティー（$5.99）。@Whole Foods（P.58）

パンやクラッカーなどに塗って食べるスプレッド（パテも含む）。おすすめはSpicy Fig（スパイシー・フィグ／写真左下（$4.99）。甘みを抑えたイチジクのジャムにレッドペッパーが加えてあってチーズの薬味としても◎。@Whole Foods (P.58)／右はカニとクリームチーズのパテ（$7前後）。@Stevestonの魚市場

カナディアンは歯の美しさにとても気を遣うので歯磨きグッズ売り場は一見の価値あり。ロンドンドラッグにはめずらしいスターアニス・スパイスや、ホワイトニング効果の高い歯磨き粉、ホワイトニング用テープ、歯間糸などいろいろある。オーガニック歯磨き粉（$6.99）。写真のアニス以外にコリアンダー味なども。@London Drugs (P.59)

オーガニックで斬新なチョコレート「Beta5（ベータ）」

オーガニックでサスティナブルにこだわりながらも斬新でモダンなチョコレートを提案する、2011年にオープンした私のお気に入りのチョコレート店。工房の一角を店舗にしており、入り口は事務所のような素っ気なさ。添加物が入っていないため賞味期限は2週間。

見た目のデザインもさることながら、プラリネチョコの味の組み合わせのおもしろさは格別！ 口のなかでプチプチはじけるスパークリング・ラズベリー、キュウリとジンの組み合わせやホワイトチョコにレモングラスやコリアンダーとココナッツを合わせたその名もグリーンカレーなど実にユニーク。

クリームパフ（シュークリームの一種）も人気で、ベトナムコーヒー味やライチとローズ味など種類があり、デコレーションもチャーミング。夏の週末には、工房の倉庫に仮設でアイスクリームサンデーの売店も出ます。クリスマスやイースター、季節によって変わるフレーバーや限定品も魅力。

1 食べるのがもったいないぐらい美しいプラリネチョコ（$30）。2 ストロベリーとココナッツのチョコをダークチョコでコーティング（$9）。

413 Industrial Ave, Vancouver／☎(604) 669-3336／⏰10:30〜17:30、土日曜10:00〜17:00、月曜・一部祝祭日・不定休／shop.beta5chocolates.com／Ⓜエキスポライン「Main Street-Science World（メイン・ストリート-サイエンス・ワールド駅）」から徒歩8分

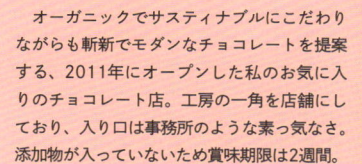
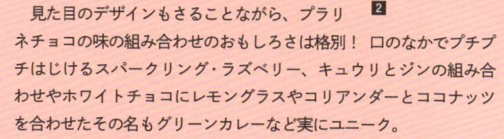

3 パフの皮の食感とクリームのおいしさが口いっぱいに広がる（$5）。4 注文してから、目の前でつくってくれるサンデー。5 店の前にはアイスを食べる人々（イートインスペースがない）。

Kitsilano

[キツラノ]

1960年代にヒッピーがコミュニティをつくったキツラノ。ビーチや公園などに恵まれ、ロハスな考えを持った人々が多く住む地域となりました。ヨガウェアで有名なルルレモン（P.32）もここが発祥です。

キツラノの目抜き通りは海岸線に並行して東西にのびるW 4th Ave。ウィンドウショッピングなら西はWhole Foods（ホールフーズ）の横のPine St（パイン・ストリート）から、東はBurrard St（バラード・ストリート）までがおすすめ。ヤングママたち御用達のレストランや小粋なカフェ、ヨガスタジオやスポーツウェアショップ、アロマショップなどが並んでいます。ヨガマットを小脇に抱えて歩く女性やしつけの行き届いた大型犬を連れてカフェでくつろぐ人が多いのもこの地域の特徴。東側にはスノーボードやスポーツ用品店が数軒あり、とくにセールの時期は多くの若者が集まります。

W 4th Aveから海に向かって数ブロック、住宅地のなだらかな勾配を下ればバンクーバーっ子の大好きなキツラノ・ビーチ（P.105）。ダウンタウンの喧騒から逃れて、のんびりとしたローカルな雰囲気を味わってみてください。

1 バラード橋を渡ると目に入るこの看板からがキツラノ。自転車レーンに気をつけて。**2** 壁画アートも多い。写真はBurrard StとW 4th Aveの角にある「Kits Wings」。**3** 人気のSophie's Cosmic Caféの店内はおもちゃのよう。道を挟んで隣はルルレモン1号店。

Zulu Records

[ズールー・レコード] ショップ（中古レコード、CD）

中古レコードの宝箱

　1980年に先代のオーナーから引き継がれて今日に至るバンクーバーでも数少ない中古買い取り販売レコード店。無造作な店内の奥には木製の螺旋階段が目を引きます。収納棚のレコードジャケットをランダムにめくっていけば、北米のポピュラーミュージックの歴史を垣間見ることができ、時間の経つのも忘れそう。取扱い商品はLPレコード、カセットテープ、CD（各＄10〜）など。

　最近はネット販売に押されて存続の危機も心配されますが、スタッフの専門的な知識と、それを愛するバンクーバーっ子に支えられ、キツラノのシンボルとなっています。お店の奥には間借りで中古DVD屋もあり、こちらもコレクタブルなセレクションで魅力的。

レトロなLPレコードカバー。レコードは業界用語でヴァイナル（Vinyl）。

時代を感じるジャケットたち。見るだけでも楽しい。

1972 W 4th Ave, Vancouver
☎ (604) 738-3232
🕐 10:30〜19:00（木金曜21:00）、土曜9:30〜18:30、
日曜12:00〜18:00、一部祝祭日休
www.zulurecords.com
🚌 4・7番バス「Westbound W 4th Ave @ Maple St」から徒歩1分
MAP P11 / C-2

※カナダのDVD／ブルーレイを日本で再生するには、リージョンフリープレイヤー、PCの場合はそのソフトが必要

昔から変わらない店構えと大きな店名が目を引く。

店内には所狭しとレコードの棚が並ぶ。段ボールに入れたままのものも。

すっきりとした店内にはおしゃれなソファスペースも設けられている。

Ryu

［リュー］

美しく進化するアクティブウェア

「エクササイズをしない人はいない」といわれるバンクーバーでは、ファッション性と機能性を兼ね備えたスポーツウェアは話題の的。そんななか最近人気急騰のブランドがこちら。カッティングにこだわり、色味もシックに抑えることにより、着る人の身体の美しさを引き立たせる魅力的なウェアです。

　キツラノ店はショップの前に広いスペースをもうけ、オシャレなオフィスのような外観。広い売り場には整然と並べられた製品がずらり。触ってみるとその肌触りの良さ、軽さ、細かなディティールへのこだわりが分かります。ヨガクラス（ドネーション＄10）などイベントも定期的に行われているので興味のある方はHPのEventsをチェック！

スタッフはとても明るくて気さく。

プルオーバー・フリース（＄125）は、やわらかく肌触りの良い100％コットンで全8色。

ひときわ目立つ大きなサイン。ヨガやダンスなどイベントもあるので要チェック！

1745 W 4th Ave, Vancouver（キツラノ店）
☎ (604) 428-6778
🕐 10:00～19:00、日曜11:00～18:00、一部祝祭日休
ryu.com
🚌 4番バス「Westbound W 4th Ave @ Burrard St」より徒歩2分
MAP P.11 / C-2
◎ダウンタウン店など、バンクーバー市内に4店舗あり

Rain or Shine
Ice Cream

[レイン・オア・シャイン・アイスクリーム]

`アイスクリームショップ`

アイスクリームもオーガニック！

　アイスクリーム好きなバンクーバーっ子の熱い支持を受けている店。人気の秘密は近郊の家族経営牧場の牛乳を使ってオーガニック、さらにグルテンフリーで、卵を使わないフィラデルフィアスタイルの製法。味わいは濃厚なのに、あと味はさっぱり。アレルギーがあっても安心して食べられるヘルシーなアイスです。シングル$4.50、ダブル$6、＋ワッフルコーン$1、グルテンフリーコーン$0.50。シェイク$7やサンデー$7もあります。

1926 W 4th Ave, Vancouver
☎(604)428-7246
⏱12:00〜23:00、一部祝祭日休
🚌4番バス「Westbound Burrard St @ W 4th Ave」から徒歩3分
rainorshineicecream.com/
`MAP` P.11 / C-2

シーズン限定アイスクリームも書いてある黒板は必ずチェックして。

1 ビーガンでグルテンフリーの、オーガニックのココナッツチョコレートチャンク。**2** 思わず目を引く牛の飾り。牛乳はアボッツフォードのバーチウッド酪農場のもの。

1 季節によって変わるサラダは10種類前後から選べる。サンドイッチは$9.5（ハーフサイズ$5.25）。**2** サラダ$3.95、グリルしたツナ（ビンチョウマグロ）$6.25は、さっぱりとやさしい味。**3** テイクアウトも可能。

1903 W 4th Ave, Vancouver
☎(604) 343-1164
⏱11:00〜21:30、一部祝祭日休
🚌4番バス「Westbound W 4th Ave @ Maple St」から徒歩3分
tractorfoods.com
`MAP` P.11 / C-2

Tractor

[トラクター] `サラダバー`

身体が野菜を求めたらここへGO！

　2013年のオープン以来、ヘルスコンシャスなキツラノっ子たちの生活の一部となっているカフェテリア。メニューはサラダの量り売りやサンドイッチ、スープなど、どれもヘルシー志向に最重点においた内容。

　旅先で緑黄色野菜の不足を感じたら、とりあえずこのお店でビタミンを補強しましょう。きっと疲れた身体と時差ぼけの胃袋がよろこびますよ。

Their There

[ゼア・ゼア]

ベーカリーカフェ

キツラノで人気のベーカリーカフェ

　2018年夏にオープンした、キツラノにある
レストラン「アンナ・レナ（Anna Lena）」の系
列店。カナダでもトップクラスのレストラン
「ハークスワース（Hawksworth）」でベーカリ
ー担当経歴があるパティシエが焼くペイストリ
ーの香ばしい匂いはリッチで上品、コーヒー豆
は米オレゴン州ポートランドの「ヒート・コー
ヒーローターズ（Heart Coffee Roasters）」と
提携。シェフたちが「自分たちが行きたいカフ
ェをつくろう」という趣旨でスタートし、半年
後には行列のできるお店となりました。

　店内は16席ほどですが、多少待つことにな
ってもその甲斐あるおいしさです。クロワッ
サン（$3.5）やドーナツ（$6）、軽食にはサン
ドイッチ（$8〜11）がおすすめ。コーヒー
（$3.5〜）以外にワイン（$9）やクラフトビー
ル（$6）もあります。拡張工事の計画もあるそ
うなのでますますの進化が楽しみです。

2042 W 4th Ave, Vancouver
☎(604) 736-8828
🕐8:00（土日曜9:00）〜16:00、一部祝祭日休
www.theirthere.ca
🚌4・7番バス「Westbound W 4th Ave@ Maple St」向
かい（徒歩1分）
MAP P.11 / C-2

そっけないくらいさっぱりとしたクリーンな雰囲気の店内。

クラシックサンドイッチ（ベーコン、卵、チェダーチーズ、アルファルファ）は$9。

ポートランドの「ヒート・コーヒーローターズ」は12オンスで$19〜。

ショーケースにはベーカリーが並ぶ。いちばん人気はドーナツ。

うっかり通り過ぎるぐらい目立たない入り口。

Au Comptoir

[オ・コンポトワール]

フレンチ・ビストロでパリを味わう

パリのビストロをイメージして2014年にオープンした、バンクーバーのベスト・フレンチ第3位（Vancouver Magazine／2018年）に選ばれた人気店。ウェイターのフランス訛りの英語もまるでパリにいるような錯覚を起こさせます。

おすすめは寒い時期限定のあつあつで旨みたっぷりのオニオングラタンスープと、田舎風ブレッドに食べ応えのあるパリジャンハム、風味豊かなグリュイエールチーズをのせたクロックムッシュ。ディナーならメープルシロップでグレイズした鴨料理（$32）がおすすめ。サイドディッシュでフレンチフライや茸のフリカッセ（煮込み）も忘れずに。日替わりで登場するムール貝も要チェック。週末はランチがブランチメニュー（目玉焼き＆ソーセージやエッグベネディクトなど）に変わります。

2278 W 4th Ave, Vancouver
☎(604) 569-2278
🕐8:00〜22:00（日曜21:30）、火曜・一部祝祭日休
aucomptoir.ca
🚌4・7・44・84番バス「Westbound W 4th Ave @ Vine St」から徒歩1分
MAP▶P.11 ／ C-1

■1オニオングラタンスープ（$12）にはスパークリングワイン（グラス$11〜）を。■2ランチメニューのクロックムッシュ（$16）。■3おまかせのシャルキュトリ（$18）はワイン（$10〜）にぴったり。■4ショーケースから選べるデザート（$7〜）。チーズも各種あり。■5ウェイターをギャルソンと呼びたくなるようなフレンチな雰囲気の素敵な店内。

ビーチを歩く

バンクーバーっ子の生活と切り離せないのがビーチ。仕事が終わったあと愛犬と散歩、休日は友人や恋人、ファミリーでビーチへ行って日光浴、ジョギングやサイクリングなどアクティビティをしたりと人生の多くの時間を浜辺で過ごします。バンクーバーに来たらぜひビーチへ行ってみてください。青い海と高い空、波打ち際に流れるゆったりとした時間が旅の疲れを癒してくれます。

English Bay
[イングリッシュ・ベイ]

バンクーバーでいちばん有名なビーチ

　夏の夕暮れは海に沈む夕日が美しく、食後の散歩にぴったりなダウンタウンの南側のビーチ。この浜辺で見る日没ほど心に響くものはありません（日没時間：夏は21時半頃、冬は16時半頃）。毎年7月末にはここでCelebration-of-Lightという花火大会が開催されます。ウェディング・カップルの撮影もよく行われています。

　ビーチの西側にあるカクタス・クラブ・カフェで、ディナーをしてから日没に合わせてビーチを散歩するのも◎。夏のハイシーズンにはレストラン1階のビーチサイドの横側にバーガーなどのテイクアウトの売店コーナーも開きます。

📍Denman Stの突き当り、Beach Ave沿い
MAP P.7 / B-1

パブリックアートのひとつ「A-maze-ing Laughter」Yue Minjun作。14体の笑う男性。
©GoToVan

イングリッシュ・ベイで毎年開催される夏の花火大会は圧巻。©Mariko Evans

おすすめレストラン

1 黄色いパラソルが目印。
2 オーシャン・ワイズのキハダマグロを使った料理（$18.50）。

Cactus Club Café
[カクタス・クラブ・カフェ]

　唯一ビーチ側にあるレストランで、大型チェーンレストランによる経営。ビーチと海の景色が抜群。チキンウィングやバーガーがおすすめ。メニューにはベジタリアン向けの料理もあります。人気店なので夏になると待ち時間が30分以上になる場合も。できれば前日までにサイトから予約を入れるのをおすすめします。

1790 Beach Ave, Vancouver／☎(604)681-2582／⏰11:00〜24:00（金土曜25:00）、無休／www.cactusclubcafe.com

Kitsilano Beach

[キツラノ・ビーチ]

バンクーバーっ子が愛するビーチ

　イングリッシュ・ベイを挟んだ南側の対岸にあるビーチ（愛称：キッツビーチ）には、初夏になるとバンクーバーっ子が一気に押し寄せます。仲間たちと浜辺でビーチバレーに興じたり、水着姿で芝生に寝そべって本を読んだり、仲間とヨガをしたり、家族でなんとなく過ごしたり、とりあえず休日はキツラノ・ビーチ、というのが地元っ子の夏の過ごし方。

　この浜辺から眺める山々、迫りくるダウンタウンのビル群、また夕暮れの日没の前は海も空もオレンジ色に染まってそれは美しく、強く心を揺さぶります。Hadden Parkというドッグフレンドリー・ビーチもあり、たくさんの犬が飼い主と一緒に遊びに来て波打ち際を走りまわります。なお、ドッグビーチでは夏場は犬の立ち入り時間が決められています（6:00〜10:00 と17:00〜22:00）。

　キツラノのショッピングエリアまでも4ブロック（Arbutus StをW 4th Ave方面へ）と歩いて行けるので、一日めいっぱい遊べます。

🚶ダウンタウンのBurrard Stを南下しバラード橋を渡り、Cornwall Aveを右折し、700mほど進んだ右手
🚌2・32番バス「Cornwall Ave @ Maple St」から徒歩15分
MAP P.11 / C-1

1 キツラノ・ビーチの手前には塩水プール、向こうはダウンタウンの高層ビル群が圧巻。**2** ドッグビーチで遊ぶ犬たちをウォッチングしているだけでも楽しい。**3** 初夏は仕事帰りに日没の夜9時過ぎまでビーチで遊ぶ人たちであふれる。
©Tourism Vancouver/Nelson Mouelic

おすすめレストラン

The Boathouse Restaurant

[ザ・ボートハウス・レストラン]

　キツラノ・ビーチの駐車場のすぐそばにある建物の2階。ビーチと海の景色が楽しめるカナダ料理のレストラン。15〜18時までのハッピーアワーはチキンウィングやタコスなど軽食も。Cornwall Aveのバス停から近い。

1 ほんのり甘いヤム芋のフライ（$8.99）。平日15〜18時はハッピーアワー。
2 レストランの入り口は右手奥の階段を上った2階。

1305 Arbutus St(off Cornwall), Vancouver／☎(604)738-5487／⏰10:00〜21:00(土曜22:00)、金曜11:00〜22:00、無休／boathouserestaurants.ca

©Kyle Pearce

Jericho Beach

[ジェリコ・ビーチ]

住宅地に面した憩いのビーチ

　キツラノ・ビーチからさらにUBC（ブリティッシュコロンビア大学）の方向に行ったジェリコ・パークの北側にあるビーチ。観光客はほとんどいません。ここからは対岸のウエストバンクーバーと背後の山々が一体となって美しい景観が楽しめます。

　走るならこの一帯がおすすめ。キツラノ・ビーチからPoint Grey Rd（ポイント・グレイ・ロード）を通ってジェリコ・ビーチまで約4km（徒歩で50分）。ジェリコ・ビーチの先はLocarno Beach（ロッカーノ・ビーチ）、その向こうがSpanish Banks（スパニッシュ・バンクス）とビーチが連なっています。

🚌4・7番バス「Westbound W 4th Ave @ Alma St」下車、そのままAlma Stを北に歩き、Point Grey Rdを東に折れ約5分
MAP P.7 / B-1

1ヨット、カヤック、ウィンドサーフィンなど海の遊びはバンクーバーっ子の得意分野。**2**ジェリコビーチの売店からスパニッシュバンクスの売店までは約2.6km（徒歩約30分）。**3**ジェリコ・セーリングセンターのすぐそばにある桟橋。突先まで歩いて行ける。

1バンクーバーでNo.1のビーチサイドパティオ。**2**ナチョスやフライドポテトをつまみながらタップからのクラフトビールが楽しめる。

Galley Patio & Grill

[ギャレー・パティオ・アンド・グリル]

　ジェリコとロッカーノの中間にあるジェリコ・セーリング・センターの2階。なんの変哲もない食堂ですがパティオからの絶景を楽しみながらお手頃価格で簡単な食事ができる隠れスポットです。メニューはバーガーやホットドック、フィッシュ＆チップス、タコスなど（時期によってメニューの変動あり）。冬は完全に閉まるので要注意。ジェリコ・ビーチの入り口から約1km。

1300 Discovery St, Vancouver／☎(604)222-1331（予約不可）／🕐11:00（土日曜9:00）～日没後（雨天変更あり）※10月頃から翌年の4月頃まで閉店（春と秋は週末のみオープン）／thegalley.ca

巨大なハマグリから最初の人類が生まれようとしているハイダ族の神話に基づく。鳥はワタリガラス。

キツラノから約8km西のユニバーシティー地区（ブリティッシュ・コロンビア大学＝UBC構内）にあるUBC人類学博物館（通称：MOA）では、カナダを語るのに忘れてはならない先住民族の文化に触れることができます。

1949年にUBCの一部として設立され、設計はカナダを代表する建築家のArthur Ericksonによるもの。1970年の大阪万博でカナダ館の設計も手がけています。

建物に入ると目に入ってくるのは、正面奥のガラス越しの明るい日差しと青々とした緑。左右の展示物を眺めながら進むと、建物3階分はあろうかと思うほど高く広い空間の展示室（グレートホール）。ここには屋外にあったトーテムポールや大きな木彫刻が本来の環境に近い状態で展示されています。中央の円形ホールにある、高さ2.1mの「The Raven and the First Men（ワタリガラスと最初の人々）」という Bill Reidの木彫刻作品は必見。19世紀に先住民ハイダ族神話に基づいてつくられたもので、以前の$20紙幣にも印刷されていました。53万5,000点にもおよぶ所蔵品のなかには、世界中の民族関連の収集物の部屋も。展示ケースの下にある引き出しを開けてみると、手のひらサイズの彫刻やさまざまな小さな収集品が収められていて興味深いです。

天気が良ければ徒歩約4分ほどの、Nitobe Memorial Garden（新渡戸記念庭園）で、しっとりとした日本庭園の木漏れ日のなかを散策するのもおすすめ。約1haの広さがあり池泉回遊式で茶室「一望庵」もあるこの庭園は、旧5,000円紙幣にも描かれ、日本を世界から孤立させないための活動半ばでカナダで倒れた新渡戸稲造（1862-1933）を記念して1960年につくられました。

■表面の動物のお面が半分に割れてなかから人の顔のお面が出てくる仕掛けは興味深い。■コンクリートとガラスの構造が特徴的な建物。小さな椅子を借りてじっくり作品を鑑賞できる。

UBC Museum of Anthropology
UBC人類学博物館
6393 NWMarine Dr, Vancouver
☎(604)822-5087
◉10:00～17:00（木曜21:00）、月曜・一部祝祭日休
◉大人$18、シニア（65歳以上）$16、6歳以下無料
◎木曜17:00～21:00は$10で入場可能
moa.ubc.ca
🚌ダウンタウンより25・33・44・49番などUBC行きバスで約30分、終点「UBC Exchange Bay2」下車、徒歩15分
MAP P.7 / B-1

若者たちに人気の注目ストリート

Main St

[メイン・ストリート周辺]

2016年に北米でクールなストリートトップ15（※）のひとつに選ばれたメイン・ストリート。若いオーナーがそれぞれのジャンルで個性的なお店を出店しているボヘミアンなエリアです。

昔から地価が安かったことから周辺の住宅地域には東南アジア系の移民やカナディアンの若者たちが多く住んでいて、彼らのための商店や中古家具屋が立ち並んでいました。1990年代以降にはダウンタウンやキツラノの家賃が高騰したことで、再びこの地域にお店を出す若者が急増。個人商店がほとんどで、オーナーが店頭にいることが多く、ローカルな雰囲気です。ショッピングエリアの範囲は広く、北は人気ブリュワリーが点在するマウント・プレザント地域のW Broadwayあたりから、南はE 28th Aveあたりまで。

ただし、各店は点在していて工事現場も多いので、深夜この地域のレストランに行った時はタクシーを呼んでもらって帰るのが安全です。クラフトビールのブリュワリーが多い地域ですが、W 22nd Aveそばの中華レストラン「サンスイワ（San Sui Wah）」は飲茶ランチもやっていておすすめ。

※globalnews.ca

1古い建物が多く残るメイン・ストリートは、高層ビルの立ち並ぶダウンタウンと対照的。**2**おしゃれなカフェ、東南アジア系食堂などさまざまな店が軒を並べている。**3**キッチュな古着屋やレトロ家具店で掘り出しものに出会えるかも。

A Barkers Dozen Antiques

[バーカーズ・ダズン・アンティークス]

ショップ（アンティーク）

混沌とした不思議な世界へ

　移民の街バンクーバーは世界中から持ち込まれた道具の集まる場所。そんな歴史的背景を裏付けるかのようなこのお店は、個性的なアンティークショップの多いメイン・ストリートのなかで、まるでヴィンテージマニアのための博物館のような存在。19世紀後半から20世紀前半のさまざまなジャンルのアンティークの雑貨やガラクタが所狭しと陳列されており、見ているだけで圧巻です。

　昔懐かしいテディベアやブリキの玩具、身のまわり品や細工物、実験道具やちょっと怖い医療器具まであって目が釘付けになってしまいます。映画撮影のための美術品としての貸し出しもしているそう。かわいい動物の絵のポストカードなども扱っているので記念に一枚いかがでしょう？

3520 Main St, Vancouver
☎ (604) 879-3348
🕙 11:00（日曜12:00）〜17:00、一部祝祭日休
www.instagram.com/bakersdozenantiques
🚌 3番バス「Southbound Main St@E18 Ave」から徒歩2分
MAP P.12 / B-1

ブリキをはじめ、年代を感じる懐かしいおもちゃも充実。

レアものとガラクタの判断がむずかしいが、目利きの人には宝の山！

入り口前にも胸像などが置かれ、独特の雰囲気を醸し出している。

アクセサリーや羽飾りなどが所狭しとディスプレイされている。

棚には量り売りのドライフルーツやスパイス。タップにはトマトケチャップも。

The Soap Dispensary
& Kitchen Staples

[ザ・ソープディスペンサリー＆キッチンステイプル]

ショップ（クリーナー関連、食品）

成分表示やパックした年月日も手書きで入っていて安心。

地球にやさしい計量ソープショップ

オーガニック石鹸や良質なクリーナー製品、洗剤やシャンプーなど日々の生活で泡立つものすべてを環境保護のZero-waste（※）の考えのもとに量り売りしている、2011年にオープンしたユニークなお店。基本的には空容器を持参して詰めてもらう方式ですが、かわいい容器の販売もあり、はじめての場合やプレゼント用など購入も可能（リサイクルボトルは無料）。

隣は自然環境と身体にやさしい良質なものを提供する2017年にオープンしたZero-Wasteの食料品売り場。スパイスやドライフルーツ、ハー

ブ、ソース類、茶葉などを量り売りしているほか、キッチングッズもいろいろ取り揃えていて、興味深いです。

大自然に恵まれた環境と人々の暮らしを大切にするバンクーバーらしいこのお店、ぜひ覗いてみてください。

※ゼロ・ウェイスト：環境保護のためになるべくゴミを出さないこと

3718 Main St, Vancouver
☎ (604) 568-3141
🕐 10:00～18:00、一部祝祭日休
www.thesoapdispensary.com
🚌 3番バス「Southbound Main St @ E20 Ave」すぐ
MAP P.12 / B-1

1 さまざまなテスターがずらり。ナチュラル・ナイトクリームは$26（50g）。**2** あらゆるサイズの容器やブラシ類を用途に応じて瓶を選ぶ楽しみも。**3** ボトル詰めの商品を購入すれば、次回からその容器を再利用できる。

■日本人が古着の着物が好きなようにカナディアンはヴィンテージドレスが大好き。❷ガラスのケースなかにはヴィンテージアクセサリー（$30前後〜）。

足を止めて見入る女性も多い、インパクトのあるウィンドウディスプレイ。

3715 Main St, Vancouver
☎ (604) 879-8175
🕐 10:00（日曜12:00）〜17:00、一部祝祭日休
www.thebarefootcontessa.com
🚌 3番バス「Southbound Main St @ E20 Ave」すぐ
MAP P.12 / B-1

Barefoot Contessa

[ベアフット・コンテッサ]

ブティック（ヴィンテージファッション）

ラブリーなヴィンテージドレス＆グッズ

　今いちばんホットなメイン・ストリートらしいブティック。扱っているのはヴィンテージの洋服やアクセサリー、小物類。まるで映画から抜け出したような70〜80年代のレトロなグッズがいっぱい。レジまわりのアクセサリーのコーナーにはラブリーなペンダントやブレスレット（約$15〜）が並び、女子なら誰もが手に取りたくなる、乙女チックな店です。

　メイン・ストリートにはオーナー自らが店頭に立って接客しているお店が多いですが、1999年にオープンしたここもそのひとつ。オーナーのエヴァさんが選んだヴィンテージドレスであふれる店内はまるで彼女のクローゼットのなかのよう。見るだけでも心がウキウキするお店です。

カナダのおばあちゃんの家の屋根裏部屋のようなレトロでスイートな店内。

1 ちょっと笑えるポップなグッズがたくさん並ぶ雑貨の店舗。**2** 赤いかかとのソックスからつくられたのがはじまりのソックスモンキー。**3** ネズミのフェルト人形（1個$10～）はシュノーケリングしているタイプも。**4** 連なった4軒すべてがフロント＆カンパニー。

Front & Company

[フロント・アンド・カンパニー]

ショップ（ギフトグッズ）

キュートで楽しいグッズがいっぱい

　メイン・ストリートを歩いていると目に入ってくる4店舗連なった大きなお店。右端のショップは古着、左側はポップアップショップ、中央の2軒はアクセサリーや小物、雑貨のギフトショップ。ギフトショップは奥でつながっており、その物量のすごいこと！ ドナルド・トランプの人形やコミック雑誌のキャラクターのキッチンマグネット、アンディ・ウォーホルのバッジ。子どものおもちゃからアクセサリー、カードやマグカップまで。

　もともとは古着屋として1992年にオープンすると、徐々に人気を博し、扱うものも今のようなギフトグッズからアクセサリーまで幅広くなり、店舗も大きくなりました。メイン・ストリートが流行の先端と言われるようになった一翼を担うキッチュで素敵なお店です。

3372 Main St, Vancouver
☎ (604)879-8431
🕐 11:00～18:30、一部祝祭日休
www.frontandcompany.com
🚌 3番バス「Southbound Main St @ E20 Ave」すぐ
MAP P.12 / B-1

Sunja Link
Body Shoppe

[サンヤ・リンク・ボディショップ]

ショップ (ライフスタイル雑貨)

女性デザイナーのセレクトショップ

うっかりすると通り過ぎてしまいそうな、ひっそりと佇むお店 。ひとたび店内へ入るとそこは洗練された大人の女性の世界が広がります。女性オーナーがデザインしたナチュラルなウェアと、彼女が世界中から選んだ素敵なグッズがさりげなく並んでいて、女性として憧れるライフスタイルが提案されています。

リネンの部屋着や肌触りの良いオーガニックコットンのTシャツ（$62）など袖を通してみたくなるものばかり。また化学薬品の副作用による健康被害を防ぐためにバンクーバー在住の母娘が開発した「NALA」のデオドラント製品も扱っています。女性の幸せを応援する小さくて魅力的なショップです。

1 ナチュラル、自立性、環境への関心度の高い女性のためのブティック。2 肌触りのよいオーガニックリネンのヘンリーネックワンピース（$180）。3 メイクアップアーティストがプロデュースした天然成分のスキンケアブランド「NOTO」。4 看板は出ていないので、見落さないよう注意。

3638 Main St, Vancouver
☎ (604) 336-9913
🕐 11:00〜18:00（日曜17:00）、一部祝祭日休
sunjalink.com
🚌 3番バス「Southbound Main St @ E20 Ave」の向かい
MAP P.12 / B-1

ご近所さんや常連さんでにぎわう、ほっこりとした空気の小さなカフェ。

Coco et Olive

[ココ・エ・オリーブ] フレンチカフェ

地元で愛される小さなカフェ

　キツラノで人気のあったカフェが数年前にメイン・ストリートに移転し、今はフランス出身のお母さんからレシピを教わった娘さんが仕切っています。店内はゆるくてフレンチシャビーなインテリアでくつろげる雰囲気。

　イチオシは自家製のキッシュ（$6.99）。人気の

マフィン（$3.50〜）やサンドイッチ（$9〜）など軽いランチにも利用できます。席数が多くないので、状況に応じては相席をお願いしてみましょう。クーラーがないので真夏は店内が暑い場合あり。歩き疲れたらコーヒーブレイクに立ち寄ってみてください。

3707 Main St, Vancouver
☎ (604) 568-7447
🕐 9:00〜17:00、一部祝祭日休
www.instagram.com/cocoetolive
🚌 3番バス「Southbound Main St @ E20 Ave」すぐ
MAP P.12 / B-1

1自家製ベーカリーはほろっとした食感の素朴なフレンチスタイル。2なめらかな泡とコクのあるカプチーノにはファン多し。3外壁のやさしいピンクがかわいい外観。

ベトナムのイメージでランプやカラフルなタイルを使った明るくおしゃれな店内。

Anh and Chi

[アン・アンド・チー]　レストラン（ベトナム料理）

ベトナム料理ならやっぱりここ！

　無性にベトナム料理が食べたくなったら必ず行くお店。ベトナムをイメージしたモダンな店内でおいしいベトナム料理をいただけるのはバンクーバー広しと言えどもここがいちばんです。

　私のおすすめは骨付き鶏の胸肉をカリカリに焼き上げたレモングラスチキンのナンバー37（$17）。好みでポークチョップを1切れからオーダーできます。添えられたサラダは甘酸っぱいソースをからめてぺろり。ジャスミンライスとの相性も抜群です。前菜にベトナム春巻き（$8）もどうぞ。

　忘れてならないのは甘いベトナム式コーヒー。グラスのなかにはコンデンスミルクが入っていて、その上に抽出用カップが載ってきます。フランスの植民地だったベトナムの名残りを残した一品です。

Number37（ジューシーで香ばしい骨付き鶏肉）はぜひ味わって。

豚ひき肉、ニンジン、春雨、キクラゲが入った揚げ春巻きはおつまみにぴったり。

3388 Main St（& 18th Ave）, Vancouver
☎（604）878-8883
🕐11:00～24:00、一部祝祭日休
anhandchi.com
🚌3番バス「Southbound Main St @ E18 Ave」すぐ
MAP P.12 / B-1

グリーンのテントが目印。
時間と曜日によって並ぶ場合あり。

甘いコンデンスミルクと混ぜるベトナム式コーヒー（$5）はマスト。ホットでもOK！

Craft Beer

バンクーバーのクラフトビールシーン

バンクーバーで1990年頃から登場したマイクロブリュワリー（小規模なビール醸造所）は、一部のビール愛好家から支持を受けてじわじわと浸透し、今や一大ブームともいえる勢いで広がっています。その発端は1984年に開業したグランビルアイランド・ブリューイング（P.86）。当時のカナダでは喉ごしすっきりでクセのないピルスナータイプが主流でしたが、グランビルアイランド・ブリュワリーのビールはそれとはまったく違う、豊かな香りと甘さを感じる味わいのハニーラガーやペールエール系。そのクセのある風味が徐々に人気となり、もう小規模とは呼べない立派なビジネスとなりました。

後を追うように急成長を遂げたのは、バンクーバー近郊にあるセントラル・シティや、レッドト

ラック（P.120）。さらに、近年「ブリュワリー・クリーク」とも呼ばれるようになったマウント・プレザントにあるR＆Bブリュワリー（P.118）、ブラスネック・ブリュワリー、33エーカーズ・ブリューイング、エレクトリック・バイスクル・ブリューイング、メイン・ストリート・ブリューイング・カンパニー（P.121）など。少し外れて、ストレンジ＆フェローズ・ブリューイング（P.120）、ボンバー・ブリューイングなども。ブリュワリーをめぐると、驚くほどに味のタイプが違い、季節限定ビールもそれぞれユニークで、ボトルデザインや店舗の内装などから製造者の個性が垣間見えます。なお、ダウンタウン発着の小型バスツアー（P.117右下）は、混雑する人気ブリュワリーも待ち時間なしで工場見学も可能なのでおすすめ。

バンクーバーでクラフトビール産業が発達した理由

もともとイギリス領だったバンクーバーにはビール好きのイギリス系の人々が多くパブ文化があったのに加え、ビール大国のアイルランドやドイツから移民がビール文化も一緒に運んできました。

近年はマイクロブリュワリーが趣味を兼ねたビジネスとして、投下資金も少なく参入しやすいという利点もあり、ビール好きなカナディアンがこれぞと思うテイストをつくり上げ、それをビジネスへとつなげようと日々切磋琢磨しています。

バンクーバーにはパブ文化が根づいている。©Tourism Vancouver / Hubert Kang

おすすめクラフトビール図鑑

ABV：アルコール度数、IBU：ビールの苦みの度合い

ラガー
Lager

ドイツ・バイエルン地方発祥のビール。雑菌が繁殖しにくく管理がしやすいため大量生産向き。喉ごしはキレが良くてすっきり、味わいも軽くてまろやかで飲みやすい。

おすすめビール
R&B Brewing「Stolen Bike Lager」（ABV：5.0%、IBU：24）

ピルスナー
Pilsner

チェコのピルゼン地方が発祥。日本の一般的なビールはこのピルスナー。色はライトで味もさっぱりと軽く飲みやすい。日本では喉ごしで評価されるビール。

おすすめビール
Red Racer「Pilsner」（ABV：5%、IBU：25）

ペールエール
Pale Ale

イギリス発祥、豊かな香りが特徴の大麦麦芽のビール。種類はさまざまで、IPA、アンバーエール、クリームエール、ホワイトエールやダークエールなど。豊かな風味と香りを味わうために冷やしすぎは×。

おすすめビール
Strange Fellows Brewing「Talisman West Coast Pale Ale」（ABV：4.0、IBU：29）

インディア・ペール・エール
IPA

近年バンクーバーでいちばん人気の高いビール。イギリスから植民地だったインドへの輸出品としてできたビールで、航海の途中で傷まないようホップを多く使い腐敗を防いだため風味と苦味が強い。

おすすめビール
R&B Brewing「Vancouver Special IPA」（ABV：6.0%、IBU：60）

週末のブリュワリーはバンクーバーっ子でにぎわう。写真はベルガード・キッチン。©Tourism Vancouver/ Nelson Mouellic

ビールの種類は世界中にたくさんありますが、ここではバンクーバー周辺のブリュワリーで見かけるものをご紹介。飲み歩く前にちょっと頭に入れておくと、カウンターで注文する時に楽しさ倍増です。

テイスティングセットは注文時に好みを伝えるとスタッフがおすすめを選んでくれる。

アンバーエール
Amber Ale

発祥はアメリカ。少し高温で焙燥した麦芽でつくられており、アンバーという名の通り色は濃いめ。見た目ほどクセはなく、口当たりはあっさりとして飲みやすいタイプ。香ばしい香りを持つ。

おすすめビール
Red Truck「Round Trip Amber Ale」(ABV:5.2%、IBU:0)

スタウト
Stout

ローストした大麦を使った、イギリスおよびアイルランド発祥の黒ビール。味はまったりとしてかすかに甘く、香ばしく、どこかコーヒーにも似た香り。ロシア皇帝への献上品がインペリアル・スタウト。

おすすめビール
Strange Fellows Brewing「Black Mail Milk Stout」(ABV:4.5%、IBU:28)

ポーター
Porter

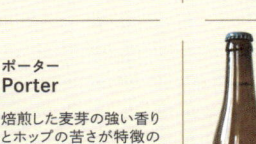

焙煎した麦芽の強い香りとホップの苦さが特徴の黒ビール。ロンドンのポーターが好んで飲んだことからこの名が付いた。ポーターの醸造会社はギネスが有名。スタウトもこの1種。

おすすめビール
Yellow Dog Brewing「Shake a Paw Smoked Porter」(ABV:5%、IBU:24)

セゾン
Season

ベルギーの農家で夏の農作業の合間に飲むためにつくられたビール。ドライホッピング製法でホップの香りが強い。酸味と発泡が強め。色はラガーとペールエールの中間。セゾンはフランス語の季節の意味。

おすすめビール
Four Winds Brewing「Saison」(ABV:6.5%、IBU:30)

Vancouver Brewery Tour
[バンクーバー・ブリュワリー・ツアー]

ダウンタウン発着なので交通機関の心配なくめぐれるので安心。

ツアー例:ブリュワリー3か所コース=約3時間$79.99／定員:4〜14名
※19歳以上
vancouverbrewerytours.com

この車で人気ブリュワリーをめぐる。

手づくり感あふれる店内。週末の夜は混むので、平日の昼間が穴場。

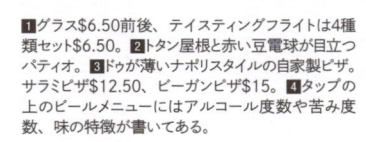

1 グラス$6.50前後、テイスティングフライトは4種類セット$6.50。**2** トタン屋根と赤い豆電球が目立つパティオ。**3** ドゥが薄いナポリスタイルの自家製ピザ。サラミピザ$12.50、ビーガンピザ$15。**4** タップの上のビールメニューにはアルコール度数や苦み度数、味の特徴が書いてある。

R&B Ale & PizzaHouse

[アール・アンド・ビー・エール・アンド・ピザハウス]

`ブリュワリー、ピザ`

おいしいピザとビールならここ！

　小規模醸造所が集まるマウント・プレザント。通りから豆電球の付いたパティオが見えてきます。店内もカラスの剥製やレトロなスピーカー、木製のテーブルや椅子、ポップな照明など、手づくり感あふれるキッチュな雰囲気が漂っており、それらが絶妙に居心地のよい空間をつくり出しています。

　ビールのおすすめは2017年にBCビールアワードを受賞したVancouver Special IPA。旨味と苦味のしっかりとした深い味わいです。ビールのタップはかなりの頻度で変わるので、スタッフにおすすめを聞いてみましょう。醸造所敷地内でテイスティングパブ兼ピザハウスとして営業しているだけあって、特筆すべきはやっぱりピザ。ドゥが薄くてモッチリと風味豊か。ひとりで1枚ぺろりと食べられます。バンクーバーっぽくビーガンのピザもあります。

54 E 4th Ave, Vancouver
☎ (604) 336-0275
🕐 11:00〜24:00(日月火曜23:00)、一部祝祭日休
www.randbbrewing.com
Ⓜカナダライン「Olympic Village Station(オリンピック・ビレッジ駅)」から徒歩13分
MAP P.12 / A-1

ステンレスのパイプのなかを何十本ものチューブが通っていて、タップとケグをつないでいる。

Craft Beer Market

[クラフトビール・マーケット]

`ビアホール`

世界中のビールがタップで飲める

　バンクーバー冬季オリンピック後に開発されたオリンピックビレッジの真んなかにあるビアホール。100種類以上もの世界中のビールがタップで飲めます。塩の倉庫だった建物をリノベーションし、天井も高く、倉庫のままの木造の内装。入り口を入ってとすぐの案内カウンターの後ろには、まるで実験室のような大きなガラス張りの部屋。そこにはチューブにつながれた数えきれないほどの樽（ケグ）が適正温度で管理されています。それらが天井のパイプラインを通して、店の中央の大きなアイランド式のバー・カウンターのタップへつながる、というダイナミックなシステムが導入されているのです。

　おすすめは週替わりの6パックサンプラー（テイスティング・セット）で、ローカル・ブリュワリーかインターナショナルかのどちらかを選べます。

1テイスティング・セット（$9）のローカルはカナダのビール、インターナショナルは米国を含む。**2**プーティンはテーブルに出たらあつあつのうちに混ぜてチーズを溶かして食べよう。**3**入り江に向かって開放的に一面ガラス。夏になるとパティオも開く。**4**バンクーバーオリンピックの選手村だったエリアにある。

85 West 1st Ave, Vancouver
☎(604)709-2337
🕐11:00〜24:00（金曜25:00、日曜23:00）、土曜10:00〜25:00、一部祝祭日休
www.craftbeermarket.ca
Ⓜカナダライン「Olympic Village Station（オリンピック・ビレッジ駅）」から徒歩11分
`MAP` P.12 / A-1

Red Truck Beer Company

[レッドトラック・ビール・カンパニー]

`ブリュワリー、テイスティングルーム`

赤いトラックが目印

オリンピックビレッジの東にあるブリュワリー。ビールは全体的に喉越し良くスムーズなタイプで、フードメニューもホットドッグ、バーガーなど充実。天気が良ければパティオがおすすめ。毎週末は工場内の見学ツアー（$12／45～60分）を行っていてHPから予約できます。建物の入り口近くにグッズショップがあり、着心地の良いオリジナルTシャツはおみやげにもぴったり。

■コンテナの中を思わせるようなライトな感覚のテイスティングルーム。■各種ビール$5.50、テイスティングセット4種類で$8。■店の前にはトレードマークのレトロな赤いトラック。

295 E 1st Ave, Vancouver
☎(604)682-4733
🕐11:00～22:00（木曜23:00、金土曜24:00）、一部祝祭日休
redtruckbeer.com
Ⓜエキスポライン「Main St Science World Station（メイン・ストリート・サイエンス・ワールド駅）」から徒歩10分
MAP P.12／A-1

Strange Fellows Brewing

[ストレンジ・フェローズ・ブリューイング]

`ブリュワリー、テイスティングルーム`

個性的な味を体験するならここ

ちょっとはずれたさびしい場所ですが、行く価値のある個性的なビールが特徴。おすすめのホワイトIPAはアルコール度数6.5、苦味を示すIBUが60とかなり高めのクセになる大人の味。酸味の強いビールもつくっているなど、実験的で挑戦的なスタイルがビール好きに強い支持を受けています。ブリュワリーめぐりツアー（P.116）に参加すれば醸造所内を見学できます。タコフィノ・タコ・バー（P.70）とコラボした青空パーティーやアートイベントを店の前で開催することもあるので、行く前にHPをチェック！

■ビールを味わうビール通が集まるブリュワリー。■50オンスのテイスティング$2、グラス$4.5～6、テイスティングフライト$7.5。■グッズコーナーも充実（Tシャツ$25前後、オリジナルグラス$6～10、帽子$30）。

1345 Clark Dr, Vancouver
☎(604)215-0092
🕐14:00（金土曜12:00）～23:00、一部祝祭日休
strangefellowsbrewing.com
🚌22番バス「Southbound Clark Dr @ William St」から徒歩1分
MAP P.12／A-2

Main Street
Brewing Company

[メイン・ストリート・ブリューイング・カンパニー]

ブリュワリー、テイスティングルーム

ビール好きカナディアン男の溜まり場

　小規模醸造所の多いマウント・プレザント地区にある、常連風の男性客が比較的多いブリュワリー。テイスティングルームはタンクのある大きな醸造所の一角で仕切り1枚という、インダストリアルで開放的な雰囲気。ビールは飲みやすくてコクのあるタイプが揃っており、IPAだけでも常時3種類ほど。定番4種類に加え季節限定などが加わって16種類から選べます。醸造所めぐりツアーでも立ち寄ります（P.116）。

261 E 7th Ave, Vancouver
☎(604)336-7711
🕐14:00（金土日曜12:00）～23:00、一部祝祭日休
mainstreetbeer.ca
🚌3番バス「Main St @ E6 Ave」から徒歩2分
MAP P.12 / A-1

1 テイスティングフライト・セットは4オンス×4種類で$8。**2** テイスティングルームとビール販売所の間仕切り壁のダイナミックなペインティング。**3** 熱処理を行わない昔ながらの木製樽カスクビールも味わえる。

Red Racer Taphouse

[レッド・レーサー・タップハウス]

パブ（ブリュワリー直営）

郊外の醸造所のダウンタウン直営パブ

　バンクーバー郊外のブリュワリーCentral City Brewing（セントラルシティ・ブリューイング）のダウンタウンの直営パブ。ビールはコク、旨味、苦味ともに大変バランスがとれていて、ピザ（$18）やチキンウィング（$14）、プーティン（$14）などカナダのパブ料理が充実。周辺に大手IT企業があるので客層もそれ風の人が多く、近くのBCスタジアムで試合があると混雑します。

1 レンガの壁に大きく描かれたRed Racerの文字がクール。**2** カナディアンが好きな芽キャベツ（Brussels sprouts）料理（$12）。**3** 配管と歯車を使ったスチームパンクなインテリア。

871 Beatty St, Vancouver
☎(778) 379-2489
🕐11:00～23:00（金土曜25:00）、一部祝祭日休
www.redracertaphouse.com
📍BC プレイス・スタジアムから徒歩2分
MAP P.10 / A-2

THE FAIR

バンクーバーの夏の収穫祭

バンクーバーの約7km東にある遊園地「PNE（＝Pacific National Exhibition）」の「ザ・フェア（The Fair）」は、日本でいう夏祭り。夏の名残りをめいっぱい楽しむためのフェスティバルです。

会場はカナディアンなら子どもの頃に誰もが親に連れられて行った遊園地PNE。屋台はホットドッグやプーティン、ピザ、スペアリブ、ミニドーナツなどカナダのジャンクフードのオンパレード。エレファントイヤーは薄く引き伸ばした揚げパン。シナモンシュガーがまぶしてあって、しっとりとした食感です。

期間中、敷地内の特設会場にはカナダの農場で飼われている牛、豚、馬、ラマ、ウサギ、アヒル、七面鳥など、さまざまな家畜が展示されます。ヒヨコが卵から生まれる様子をライブで見られますし、アヒルの雛が暖を取るために集まって寝ているのもかわいいです。いちばん人気は子豚。無垢な動物たちに癒やされて時の経つのも忘れます。

家畜の建物の向こうにはビールを飲めるエリアがあり（※）、夜はライブも行われます。

お天気が良ければ会場奥の遊園地で大観覧車にも乗ってみてください。日本のものとは違ってとてもスピードが速くて乗り応えがあります。観覧車から眺める遠く北の山々の景色はまさに絶景。イベント会場では数年に一度、赤い制服で有名なカナダ騎馬警官隊（RCMP）のデモンストレーションも開催されます。日本では見られない騎馬警官による馬術の技のお披露目なので、タイミングが合えばぜひとも見ていただきたいイベントです。

また屋外コンサート会場では往年の世界的スター歌手のコンサート（P.28参照）も楽しめます。このフェスティバルが終われば、バンクーバーに本格的な秋が訪れます。

もっちりとした食感がやみつきになるエレファントイヤー（別名：ビーバーテイル）。

■1屋台が道路の両脇に並ぶ。■2間近に見られる家畜動物は、子どもたちに大人気。■3愛くるしい子豚たち。■4幌馬車を引く馬。サドルを載せたり、馬のしっぽの飾りつけの実演も見られる。■5日本よりもスピードが速くてスリリングな観覧車は、一度の乗車で2周する。■6まるで70'sのハリウッド映画のセットのようなレトロな看板をあげた屋台。■7柵のなかが飲酒エリア。アルコールの売店があり、食べ物は柵の外から持ち込む。■8かわいい家畜動物をすぐそばで見られて楽しい。

※カナダではライセンスを持った店舗のパティオ以外では公共の屋外での飲酒は禁止。会場内も決められたエリアのみで飲酒が可能。入り口で年齢チェックあり。パスポートなど年齢証明できるものが必要

ジャンクフードの代表格アメリカンドッグ。

2901 East Hastings St, Vancouver
⏰8月下旬から9月初旬までの2週間／11:00〜深夜（天候により変動）
💲大人$18、子ども（13歳以下）無料
www.pne.ca
🚇Ⓜエキスポライン「Burrard Station（バラード駅）」から95番SFU（サイモンフレーザー大学）のBラインのバスで約25分（期間中は増便あり）。タクシーなら約15分（片道約$25）
MAP P.7 / B-2

高級住宅街のお膝元なので、お散歩がてらの年配の白人が多いのが特徴。

The Village

のんびりできる屋外型ショッピングモール

　ダウンタウンからライオンズゲート橋を渡った対岸にあるウエストバンクーバー。バラード湾に面した南斜面はバンクーバー都市圏の高級住宅街として知られています。

　この地区のおすすめが、屋外回遊型の大型ショッピングモール「Park Royal」の一部に2004年にオープンした「ザ・ビレッジ (The Village)」。バンクーバーのショッピングモールは、ほとんどが屋内型 (ダウンタウンの「パシフィック・センター (Pacific Centre)」など) ですが、この一角は海風を感じながら散策でき、歩道にはベンチも整備されているので、半日のんびりできる素敵なエリアです。

　ランドマークの木製の灯台のまわりに、約40店舗と小規模ながら有名店がずらり。おすすめ

は、キャンドルやカード、文房具などが充実した「ジン (Zing)」。バンクーバーの地域ごとを香りのイメージで表現したキャンドルやリードディフューザー ($46) も素敵。オーナーが店に常駐しているので商品の説明もくわしく聞けます。また、大型DIYショップ「ホーム・デポ (Home Depot)」をはじめ、バンクーバー市内にもある「ホールフーズ」(P.56)、「ルルレモン」(P.32)、「セージ」(P.30)、「デイビッズ・ティー」(P.31) などの店舗も揃っています。

　レストランのおすすめは、灯台の1階部分にあるブリュワリーレストラン「ザ・ビレッジ・タップハウス (The Village Tap House)」。ウッディなカナディアンスタイルの店内は、冬は暖炉にも火が入ってロッジ風の雰囲気も盛り上がりま

す。バーガー（＄16.75〜）はお肉がカナダ風直火焼きでジューシー。店で醸造しているクラフトビール（1パイント＝568ml/$6）は旨味があってなかなか美味。また、バンクーバーに6店舗を展開するカジュアルレストラン「カクタス・クラブ・カフェ（Cactus Club Cafe）」や、隣のPark Royalのモールのベーカリー＆カフェ「フォーボー（Faubourg）」（ダウンタウンのアートギャラリーのそばにも店舗あり）もおすすめです。

925 Main St, West Vancouver
☎(604) 925-9547
◐10:00〜21:00（月火曜19:00）、土曜9:30〜19:00、日曜11:00〜18:00、一部祝祭日休
◎店舗により営業時間は異なる。祝祭日は変更あり
www.shopparkroyal.com
🚌ダウンタウンの「West Georgia St」バス停から北に向かうバス250・254・257番で「West Bound Marine Drive @ Main St」下車（約20分）。バスはMarin Driveの北側に停まるので迂回して歩いて反対側へ渡る（徒歩5分）
MAP P.7 / A-2

1 ランドマークの木製の灯台。これを目印に歩こう。2 ザ・ビレッジ・タップハウスのミニバーガー（3個で1プレート）は、リクエストで増量できる（＄14.50+α）。3 タップハウス・ラガーはライトでもコクがあって喉ごしすっきり。4 ザ・ビレッジ・タップハウスは平日14〜17時までお得なハッピーアワーあり。5 店内の一角にあるビリヤード台は空いていれば使用は自由。6 人気の「カクタス・クラブ・カフェ」は昼時はとくに混むので電話で予約すると安心。7 「ジン」の店内はバンクーバー近郊のものなど楽しいグッズがぎゅっと詰まっている。8 ホーム・デポにはカナダのバスルームやキッチンの蛇口・照明など展示されてておもしろい。9 ウエストエンドやギャスタウンという名前のキャンドル。「ジン」にて。

ダウンタウンのスカイライン※高層建築

　自然との共存を重視するバンクーバーの都市計画は、商業地域や住宅地域などの区分や、建築に関する細かい条例があり、しっかり整備されています。また移民に寛容、災害が少ないなどの理由から他国の富裕層も多く、世界的に有名な建築家に設計を依頼したユニークな高層コンドミニアムが建てられています（低層階は高級ホテル、中層階から上は高級コンドミニアム）。コンドミニアムの住人はホテルの施設を使えるので、それも大きな付加価値のひとつです。

　ここでは高層建築を多く請け負っている不動産開発会社「ウエストバンク（Westbank）」のプロジェクトなど、ダウンタウンでもとく目を引く建物をいくつかご紹介。ほかにも多くの高層ビルがあるのでチェックしてみてください。

※山々の稜線が空との間に描く地平線のようなもの。近年では山の代わりに高層ビル群と空との境界線のこともこう呼ぶ

取材協力：Westbank / Masa Matsubara

Woodward's
[ウッドワーズ]

　ダウンタウン東側のギャスタウンにあった老舗デパート（1903年オープン、1993年倒産）の建物の再開発で、カナダ人建築家のグレゴリー・ヘンリケス（Gregory Henriquez）によって高層建築に。これをきっかけにギャスタウンは蒸気時計を見るだけの観光スポットから脱却し、おしゃれなレストランやブティックがWater Stに軒を連ねる、バンクーバーでもトップクラスのトレンディな地域へと変身しました。

高さ122m、41階建て／2010年完成／開発：Westbank

Fairmont Pacific Rim
[フェアモント・パシフィック・リム]

　北側のコールハーバーを歩いていると目に入ってくる、2010年のバンクーバー冬季オリンピックの直前にオープンした建物。ホテルは22階までで、上層階はコンドミニアム。設計は香港出身のジェームス・K・M・チャン（James K. M. Cheng）。1階のW Cordova St沿いにあるイタリアンカフェ「ジョバーネ（Giovane）」でコーヒーブレイクしたり、ロビーを見学するのもおすすめ。

高さ140m、46階建て／2010年完成／開発：Westbank

Shangri-La Hotel Vancouver
[シャングリ・ラ ホテル バンクーバー]

　W Georgia StとAlberni Stに面したビルで、15階までがホテル。設計はパシフィック・リムと同じ建築家ジェームス・K・M・チャン。W Georgia St側の敷地には現代アートの屋外展示スペースもあり、道行く人々を楽しませています。16階から上はコンドミニアム。3階にレストラン「Market by Jean-Georges」があります。（写真右ページ上）

高さ201m、62階建て／2008年完成／開発：Westbank

Woodward's

Fairmont Pacific Rim

©Klazu

Shangri-La
Hotel Vancouver

© Westbank

1550 Alberni
[1550アルバーニ]

　日本の建築家・隈研吾による設計のコンドミニアム。木工彫刻のように片面を鋭利なノミでえぐったようなカーブを描いた印象的なデザインは、近隣の建物の眺めを維持するもの。外装はガラスとアルマイト、インテリアには木と竹を多用している。188戸の住宅が入る予定。

高さ132.35m、43階建て／2021年（予定）／開発：Westbank

Vancouver House
[バンクーバーハウス]

　グランビル橋のたもとに高くそびえる、逆二等辺三角形にも見える高層コンドミニアム。バンクーバーで4番目の高さで、今やダウンタウンのランドマークのひとつ。設計は数々の受賞歴のあるデンマーク人建築家ビャルケ・インゲルス（Bjarke Ingels）。

高さ150.3m、52階建て／2019年完成／開発：Westbank

Trump International Hotel&Tower
[トランプ・インターナショナル・ホテル&タワー]

　カナダ人建築家のアーサー・エリクソン（Arthur Erickson）設計のW Georgia Stにあるドナルド・トランプの名を冠したビル。1階には高級中華レストラン「モット32（P.38）」があります。またロビーのラウンジではカクテルやアフタヌーンティーも楽しめます。

高さ187m、63階建て／2016年完成／開発：Holborn Group

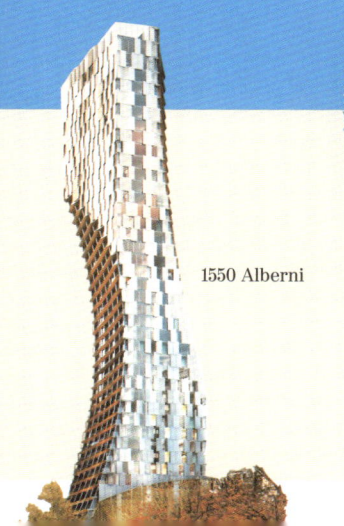

1550 Alberni

Vancouver House

Trump International Hotel&Tower

バンクーバーで泊まる

Stay in Vancouver

バンクーバーにはワールドワイドに展開する高級ホテルやチェーンホテルなどさまざまなホテルがあります。温暖な気候、恵まれた自然、環太平洋側のアクセスの良さなど、世界中から旅行者が来るため宿泊価格は年々上がり、4月から9月にかけてのハイシーズンは空室の競争率が高くなります。ここでは私なりに比較的お手頃で、清潔、便利で、安心して泊まれるホテルをチョイスしてみました。マーケットやスーパーで見かけるけれど日本へ持ち帰ることのできない地元の野菜やハム、ソーセージ、チーズなどを楽しむのにぴったりの、キッチン付きのホテルもご紹介します。

宿泊施設を探す際には、治安の悪い地域（地図参照）は避けるようにしましょう。安易な気持ちで選ぶと危険な目に遭ったり、貴重品を失ったりしますので十分ご注意ください。

ホテルのタイプは、一般的なホテルから、短期滞在用アパート、バックパッカーや学生たちが利用するホステル、民泊などさまざま。とくに民泊はそれぞれのオーナーの考え方次第でルールも異なりますのでネットで評判を十分にチェックして慎重に選択を。建物によってはフィットネスルームやプール・サウナ付きなどもあります（宿泊施設は全室禁煙）。

また、フロントのコンシェルジュをしっかりと利用しましょう。レストランの予約、最寄りの交通機関に関して、チケットの購入やイベント情報などを聞いたり、数に限りがありますが傘も貸してくれますよ。なお、宿泊料金はほかの欧米各国と同様1室の料金で表示されています。

Camana Plaza

[カーマナ・プラザ]

コンドミニアム型ホテルに泊まる

　ダウンタウンの中心、高級ブティックやレストランが立ち並ぶAlberni Stにあるキッチン付きホテル。通りを挟んで斜め向かいにはシャングリ・ラ・ホテル・バンクーバー、1ブロック歩けばフェアモント・ホテル・バンクーバーがあり、周辺環境は夜中に出歩いても安全でとても便利。ホテルの向かい側にはスーパーマーケット「アーバンフェア」があって生鮮食品から惣菜まで扱っています。BCリカーストアも近く。館内にレストラやカフェはありませんが、ホテル周辺に飲食店が揃っています。

　ホテルの客室は広く清潔で、リビング、ダイニングキッチン、ベッドルームが別々のコンドミニアムスタイルです。暮らすように過ごせる居心地の良いホテルで、リピーターが多いことでも知られています。

1128 Alberni St, Vancouver
☎ (604) 683-1399
🛏 1室シングル・ダブルとも$189〜（朝食なし）／全120室
◎設備＆サービス：フィットネスセンター（無料）、ランドリールーム（無料）、ドライクリーニング（有料）
www.carmanaplaza.com
Ⓜ エキスポライン「Burrard Station（バラード駅）」から徒歩4分
MAP P.8 / B-2

The Listel Hotel

[ザ・リステル・ホテル]

エコと先住民アートのロハスなホテル

ダウンタウンのRobson St（ロブソン・ストリート）に面した便利な立地のホテル。客室階の3階と6階はミュージアムフロアとしてUBCの人類学博物館との提携により先住民族アートが飾られ、客室にはトーテムポールやカヌーをつくる樹木レッドシダー製の調度品も。これぞまさしくカナダという雰囲気です。

4・5階はおしゃれなギャラリーフロアで、部屋ごとに異なるアーティストの作品が飾られていて個性的。また屋上にソーラーパネルを設置するなど、Zero-Waste（ゼロ・ウェイスト／P.110参照）の考え方を導入し、地球環境を尊重するロハスなホテルです。2階と6階には無料フィルター水（炭酸入り、なし）を設置するサービスも。

1300 Robson St, Vancouver
☎(604) 684-8461
🛏1室シングル・ダブルとも$149〜（朝食は1階レストランで有料）／全129室
◎設備＆サービス：フィットネスセンター（無料）、電動自転車（5〜9月）、ワインレセプション（17:00〜18:00）、ドライクリーニング（有料）、ルームサービス（有料）
www.thelistelhotel.com
📍Burrard StとRobson Stの交差点から徒歩8分
MAP P.8 / B-1

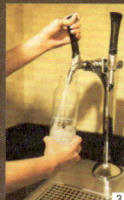

1モダンアートの飾られた部屋で心地よい眠りにつけば旅は最高。2暖炉のある1階ロビーもコンテンポラリーアートがいっぱい。3炭酸入りの水のタップがあるのがうれしい。

ホテル内レストラン

Forage [フォレッジ]

BC州の海と大地の恵みをいただく

地元産の新鮮な食材を使うこだわりのホテル内レストラン。ブリュワリーから仕入れるビールもワインも地元BC州のものに力を入れています。フォレッジとは「私達が海や大地に畏敬の念を持ち、生存に必要なものだけを摂っていた時代に立ち戻る」の意味。自然環境に恵まれたBC州自慢のオーガニック食材をぜひ味わってみてください（シーフードはもちろんオーシャン・ワイズ認定）。週末のブランチもおすすめです。

☎(604) 661-1400
🕐朝食6:30（土日曜7:00）〜10:00／ブランチ（土日曜のみ）10:00〜14:00／ディナー17:00〜閉店まで
foragevancouver.com

1人気ブランチメニュー（$15）。オーガニック卵、ジャムやケチャップまで自家製。2地元BC州の木材を使った内装。床もバーカウンターの表面も再生素材というこだわり。

先住民アートに興味があれば予約時に3階か6階の部屋を指定して。

Timber ［ティンバー］

カナダのイメージあふれるレストラン

　BC州を支えてきた林業の長い歴史と人々がテーマのカジュアルレストラン。「ティンバー」とは伐採のときに注意を促す掛け声。ベンチの背の部分には農場にあった倒木を、クッションの表装はカナダ郵便局の配送袋を再利用しています。開拓時代をイメージした店内で地元にこだわったカナダの伝統的な料理（＝コンフォートフード）を味わってみませんか？　気楽に食事をしたい時にぴったりのレストランです。

☎ (604)661-2166
🕐 12:00（日曜11:00）〜24:00（金曜25:00）、土曜
11:00〜25:00、月曜・一部祝祭日休
timbervancouver.com

1 開放感のあるガラス張りの天井。壁には剥製やペナントを飾ったカントリースタイル。2 カナダのコンフォートフードのひとつバイソン肉のバーガー（$19）。

The Sylvia Hotel

[ザ・シルビア・ホテル]

英国カントリースタイルの老舗ホテル

　イングリッシュ・ベイの浜辺とスタンレーパークのそばにひっそりと位置する老舗ホテル。建設は1912年、2008年の改装を経て、現在はバンクーバー市の歴史遺産建造物に指定されています。まるでアガサ・クリスティの小説に出てくるような雰囲気のホテルで、スタッフもとても感じよく安心。

　1階にあるバーは1954年にオープン。当時はバンクーバーではじめてのカクテル・バーでした。窓際のテーブルでカクテルを飲みながら目の前のビーチが夕日に染まるのを眺めるのもロマンティックなひととき。8階建てで屋内プールとライブラリーも備えています。

　ここはペットフレンドリーなので愛犬と一緒の宿泊客もいます。キッチン付きの部屋もあります。早朝のスタンレーパークの散歩もおすすめ。7:00〜21:30はルームサービスが利用できます。

1 蔦の絡まるクラシックな建物は近代的なダウンタウンにありながら歴史を感じる。2 落ち着いた内装。3 広くてゆったりとした客室。海側の部屋は景色が楽しめる。4 イギリス映画のワンシーンに出てきそうなロビーのコーナー。

1154 Gilford St, Vancouver
☎(604)681-9321
🚌1室シングル・ダブルとも$110〜（朝食は1階レストランで有料）／全120室
◎設備＆サービス：ドライクリーニング、ルームサービス（すべて有料）
sylviahotel.com
🚌5番バス「Southbound Denman St @ Pendrell St」から徒歩2分
MAP P.7 / B-1

1

Granville Island Hotel

[グランビルアイランド・ホテル]

グランビルアイランドの隠れ家ホテル

2

3　　4

1 ヨットハーバーもそばにありリゾート気分。入り江を挟んだ対岸はダウンタウン。2 ウォーターフロントのホテルなので海側の部屋に泊まって景色を楽しんで! 3 ドックサイド・レストランは朝7時から夜10時までオープン。4 グランビルアイランドの端にあり、地元っ子も意外と知らない。

1253 Johnston St, Vancouver
☎ (604) 683-7373
🛏 1室$259〜（朝食は1階レストランで有料）／全82室
◎設備＆サービス：共用ジャグジー（無料）、共用サウナ（無料）、自転車（有料）、ルームサービス（有料）
www.granvilleislandhotel.com
🚶 パブリックマーケットから徒歩5分
MAP P.75 / A-2

グランビルアイランドの一角のウォーターフロントにあるホテル。建物は古いですが、なかはきれいにリノベーションされて、プチホテルとして人気があります。グランビルアイランド内のパブリックマーケットまで徒歩でほんの数分と便利な立地。ホテルの自転車レンタルもあります（有料）。

ホテル内にあるDockside Restaurant（ドックサイド・レストラン）からはフォールス・クリーク（入り江）の景色を眺めながら食事ができます。レストランのパティオは水辺に面していて雰囲気抜群（2019年に地元フリーペーパーThe Georgia Straightで「すばらしい景観にあるレストラン賞」を受賞）。パティオは屋外暖炉やヒーターも完備しているので肌寒い日も安心。レストランでは8種類の自家製クラフトビールも楽しめます。ダウンタウンへのアクセスも良好で、価格も良心的。

最新のコンドミニアムの間取りそのまま。キッチンカウンターのハイチェアも素敵。

Level Furnished Living

[レベル・ファーニッシュド・リビング]

セカンドハウスのような快適さ

　以前は長期滞在型コンドミニアムとして運営されていましたが、2018年から短期滞在の宿泊も受け入れるようになりました。本来は家具付きの賃貸型高級コンドミニアムなので部屋もゆったりとして清潔。カスタムオーダーの家具やキッチンもモダンで最新式。調理器具も揃っています。

　立地はちょうどダウンタウンのRobson St（ロブソン・ストリート）からイエールタウンへ行く途中で便利。建物の前の交差点を渡ればスーパーマーケット、その向こうにはスターバックスや韓国系スーパー、同じ建物の1階にウォークインクリニックもあり旅行者にも対応してくれます（日本人医療通訳のアレンジ可。P.170参照）。1階にはコンシェルジュが常駐して24時間対応。コンドミニアムなのでホテルとは違った、ゆったりした快適さで過ごせます。

1 フルキッチンなので食材を買ってきてワイン片手に料理も可能。**2** 出かけるのが嫌になるぐらいおしゃれな部屋でダウンタウンの夜景を眺めて。**3** 長期滞在型コンドミニアムなのでロビーはいつも静か。

1022 Seymour St, Vancouver
☎ (604) 685-3835
🛏 1室$259〜（朝食なし）／全187室
◎設備&サービス：ジム、共用サウナ、共用ジャグジー、屋外塩水プール（すべて無料）
stayinglevel.com
🚶Seymour StとRobson Stの交差点から徒歩5分
MAP P.10 ／ A-1

Day Trip

ちょっと足をのばして

カナダの大自然を体感する
Squamish
[スコーミッシュ]

1

バンクーバーから約64km（車で約1時間強）、ウィスラーへ行く途中に自然に囲まれた美しく静かな町。この地域はウィンドサーフィンやロッククライミング、トレッキングやマウンテンバイクのメッカとして国際的にも認められています。途中通る、北米でもっとも風光明媚な沿岸ルートの「Sea to Sky Highway（Highway99）」からは壮観な山々、青緑色に輝くフィヨルドの水面、山際の深い森の景観が広がります。町に入る手前の「シー・トゥ・スカイ・ゴンドラ」（P.138）に乗れば、山頂から360度の大自然のパノラマ風景を楽しめます。

スコーミッシュは1910年代にPacific Great Eastern Railwayの南端の駅がつくられ、山深い土地から豊かな森林を伐採して木材を切り出し鉄道に積み替える拠点として、またそれに伴いパルプ工場もでき栄えました。2000年に入ってそれら主要産業はつぎつぎと閉鎖し、今はアウトドアの町として世界中から人々が集まってきています。

スコーミッシュに着いたらまず観光案内所のアドベンチャー・センターへ。気軽で安全なトレイルなどアクティビティの情報、ホテルやレストランの情報や予約、道順までくわしく教えてくれます。建物は、地元産のダグラスモミ材を使っており、湾曲した屋根は毎年スコーミッシュバレーに飛来する白頭ワシをデザインしたものです。

2 3

1 雄大な大自然に囲まれたスコーミッシュの町。2 スコーミッシュ・アドベンチャー・センター（Squamish Adventure Centre）内のインフォメーションセンター。カフェもある。3 マウンテンバイクのトレイルも充実。4 一枚岩のスタワマス・チーフ。5 メイン通りのCleveland Ave（クリーブランド・アベニュー）周辺にカフェやレストランがある。

101-38551 Loggers Lane, Squamish
☎ (604) 815-5084
⏰ 8:30〜16:30、無休
www.exploresquamish.com/business/
squamish-adventure-centre

©Chris ChristieChristie-Images.com

©Garry Broeckling www.dcs.biz / Tourism Squamish

🚌 (大型バス)ダウンタウンのハイアット・リージェンシー・バンクーバー・ホテルの北側出口横からスカイリンクス（バンクーバー国際空港〜ウィスラー間を毎日運行）で「1170 Hunter Place」下車（所要時間：約1時間半）※要ネット予約（往復：大人$40、子ども6〜12歳$20／6月中旬〜9月初旬12本／日、その他の期間8本／日）／yvrskylynx.com

🚌 (小型バス)ダウンタウンのハイアット・リージェンシー・バンクーバー・ホテル（ほか3か所あり）からスコーミッシュ・コネクター（バンクーバー国際空港〜スコーミッシュ間を毎日運行）で「Sea to Sky Gondola」や「Adventure Centre」で下車（所要時間：1時間40分）※要事前予約（ネットまたはクレジットカードを利用して電話にて）

☎ (877)815-5084／往復：大人・子ども共通$30／6〜8月7〜8本／日、その他の期間4〜5本／日／www.squamishconnector.com

⚠️ スコーミッシュは大自然のなかにあります。トレッキングなどアクティビティは高度なスキルが必要なものも。くれぐれも無理せず、安全のために服装、靴、帽子、水などきちんと準備を。またクマや白頭ワシなど野生動物も生息している地域なので十分に配慮して行動しましょう。

©Tourism Squamish

空中に突き出ている展望台は迫力満点の撮影スポット。©Tara O'Grady

Sea to Sky Gondola

[シー・トゥ・スカイ・ゴンドラ] 山、ロープウェイ

およそ10分で一気に標高
885mへ！©Paul Bride

スカイゴンドラに乗って大自然のなかへ

　バンクーバーから車で小1時間のスコーミッシュへ行く途中、車で15分ほど手前にあるのがシー・トゥ・スカイ・ゴンドラです。ハウサウンド入り江近くの乗り場から山々と光輝くフィヨルドのパノラマ風景を堪能しながら、約10分で山頂（標高約885m）へ登ります。

　山頂のサミットロッジ（Summit Lodge）では景色を眺めながら食事をしたり、展望台（3か所あり）や谷を横断する恐ろしく高い吊り橋、美しい景色を楽しみながらトレイル（1周約1時間）を散策することもできます。ロッジではハウスミュージックのライブや、ヨガやワインテイスティングなど、季節ごとにイベントが企画されています。

　また2020年春には、高度34mで360度のパノラマが楽しめる北米では初めての木造建造物「エレベイテッド・ツリー・ウォーク（Elevated Tree Walk）」がオープンする予定です。

谷底を横断するスカイパイロット吊り橋は地上数千フィートの臨場感。

36800 Highway99, Squamish
☎(604)892-2550
🕐10:00～17:00、無休
🚡ゴンドラ往復＝大人$41、13～18歳$24.95、6～12歳$13.95／シャトルバス往復（ゴンドラ往復料金含む）＝大人$79、6～18歳$54、5歳以下$30
🚌ダウンタウンからスカイゴンドラ乗り場までシャトルバスで60分。バス経路＝9:30ハイアットホテル前（Melville St）→9:45Robson StとHomer Stの角→10:00カナダ・プレイス（スコーミッシュの街からはタクシーで約5分）
※バスのチケットは事前にHPから購入、もしくは前日17:00までに電話予約が必要
www.seatoskygondola.com
MAP▶P.13 / C-1

大自然の山々とフィヨルドが織りなす風景はカナダならでは。
©Topo Films

XOCO Chocolates

［ エックスオーシーオー・チョコレート ］

ショップ（チョコレート）

親子でつくるこだわりのチョコ

　スコーミッシュの目抜き通りにある小さなチョコレート専門店。洗練された宝石のようなプラリネチョコがガラスケースに整然と並んでいます。30年前にチョコレートを勉強したお母さんが店を立ちあげ、バンクーバーで世界的に有名なパティシエの下で修業をした息子のケビンさんのふたりで経営しています。

　店頭でひとつ買って食べてみると、口いっぱいに広がるカカオのやさしい甘さに、歩き疲れた人も思わずにっこりしてしまうはず。プラリネ（$1.50〜）のほか、棚にはおみやげにぴったりの板チョコ（$7.50〜）やギフトボックス入り（$25）などがずらり。すべてスコーミッシュをこよなく愛する彼らの情熱がこもった手づくり。ちょっとぶっきらぼうでチョコレートオタクの息子さんが一生懸命接客してくれますよ。

38020 Cleveland Ave, Squamish
☎ (604)892-9446
🕐 10:00〜18:00、日曜12:00〜16:00、月曜・一部祝祭日休
xoco.ca
🚶アドベンチャー・センターからCleveland Aveを通って徒歩20分
MAP P.13 / A-2

1 スコーミッシュの名前の付いた板チョコやナッツ＆ドライフルーツ入りチョコもおすすめ。2 小さなお店なので見逃さないように。3 ローズマリー＆シーソルト、ライチー＆ジャスミン、バジル＆ベルガモットなど。4 ビール醸造所とコラボしたバレンタインチョコ。5 地元のジン蒸溜所とのコラボチョコは大人の味。

1 屋外に展示されているラッセル車や車掌車、郵便列車などの向こうには美しい山々が望める。 2 イギリスのエリザベス女王がジョージ6世国王とカナダを旅したときに使われた、優美な姿のロイヤルハドソン蒸気機関車は1929年製。 3 1915年のスコーミッシュ駅を基に再現された駅舎。 4 入り口を入るとすぐ目の前に機関車が登場。その大きさに圧倒される。

West Coast Railway Heritage Park

[ウエストコースト・レイルウェイ・ヘリテージパーク]

博物館

カナダの鉄道を知ろう！

　鉄道好きな人がバンクーバーへ来たら、ぜひとも足をのばしてただきたいのがこちら。私のような鉄子にはたまらない博物館で、本物のロイヤルハドソンの蒸気機関車や1890年代の美しい太平洋横断ビジネス車両、カナダ太平洋植民地時代の寝台車（1905年製）、ラッセル車など、建物内外に90点以上の車両や関連物が展示されており、1994年のオープン当時からカナダ西側では最大の鉄道車両のコレクションを誇っています。

　敷地は12エーカー（東京ドーム1.04個分）もあり、蒸気機関車を展示した扇形車庫の建物や、スコーミッシュ駅を再現した駅舎、車掌さんの家を往時そのままに再現した建物など見応えたっぷりの施設です。スコーミッシュはゴールドラッシュや木材の切り出しによって栄えた町で、それにともなって鉄道も活発に運営されていました。

　入り口そばの売店で入場料を払うと園内マップをもらえ、スタッフが道順をくわしく教えてくれます。広大な敷地なので、足場が悪かったり、また非公開になっている場所もあるので、よく聞いて行動するようにしましょう。歩きやすい靴で行くことをおすすめします。周辺は美しい風景が広がっていますが、施設などは何もないのでその点もご留意ください。

39645 Government Rd, Squamish
☎ (604)898-9336
🕐 10:00～16:00、一部祝祭日休
💲 大人$25、子ども（2～9歳）$8
www.wcra.org
🚌 アドベンチャー・センターから徒歩8分のCleveland Aveにあるバス停「Cleveland @ Hunter」より3番「Valleycliffe」行きのバスで約15分の「Queens @ Government」下車、徒歩5分（道路の右側に見える）
MAP P.13 / A-1
◎田舎なので急な天候の変化などに備えて、重ね着できる服装で。帽子も携帯した方がベター

5 カナディアン・パシフィック・レイルウェイの食堂車両。**6** ジオラマや鉄道模型、食堂車で使われていた食器やカトラリーが展示してある車両も。**7** 鉄道模型が展示してある車両も見学できる。**8** 列車のほとんどが屋外展示なので、天気の良い日がおすすめ。

1 広いパブスペースはホテルの宿泊客と観光客と地元っ子でいつも大にぎわい。2 フライトツアーズ（テイスティングセット）は4種類選べて$8。3 カナダ名物プーティン（このお店のメニュー名は「Dirty Fries」$13）は外せない。4 ブリュワリーの目の前にはスコーミッシュ・チーフの大きな岩山がそびえる。

Howe Sound Brewing

[ハウサウンド・ブリューイング]

スコーミッシュの地ビールを味わう

スコーミッシュの目抜き通りを進むと右手に見えてくるブリュワリー（ビール醸造所）。ロッジのようなカントリー風の建物にはビールの醸造所直営のパブや宿泊施設が入っていてローカルな雰囲気が私は大好きです。

パブといっても店内はとても広くて天井も高く、ビアホールといった風情。BC Beer Award受賞歴もあるおいしい地ビール片手にバーガーやピザも食べられます。私のおすすめはやはりビールのテイスティングセットとカナダ名物のプーティン（フライドポテトにグレイビーソースとチーズをのせたもの）。ビールは種類がたくさんあるので迷ったらテーブル担当のスタッフに気兼ねなく相談しましょう。良いチョイスをしてくれますよ。

このブリュワリーのビールはバンクーバーのリカーストアでも扱っている。

37801 Cleveland Ave, Squamish
☎ (604)892-2603
🕐 11:00〜24:00、一部祝祭日休
www.howesound.com
🚌 アドベンチャー・センターからCleveland Aveを南に徒歩25分
MAP P.13 / B-2

Howe Sound Inn

[ハウサウンド・イン] ホテル

大自然に囲まれたB&Bに泊まろう

ブリュワリーが経営するB&Bスタイルのホテル。小さな田舎の宿といった雰囲気で、各部屋の窓からはスコーミッシュの山々が見渡せます。さわやかな空気と大自然に囲まれた静かな環境で過ごすひとときは、何ものにも代えがたい素敵な時間となるでしょう。

各客室にはフリーWi-Fiとテレビ、コーヒーメーカーが設置されています。希望があれば13時から醸造所のツアーも行っています。また、追加料金を払えば愛犬と一緒に泊まることもできます。

1自然に囲まれてリラックスした雰囲気。1階に下りればブリュワリーパブがある。**2**カナダっぽいカントリー風の建物が旅情を誘ってくれる。

🛏 1室$95〜（朝食込み）／全20室
www.howesound.com/homesoundinn

のんびりとした漁港で半日遊ぶ

Steveston

［ スティーブストン ］

　バンクーバーから南へ約17km、バンクーバー国際空港を横目に通り過ぎると、中国系移民が多く住むリッチモンド市の南西の端にあるスティーブストン。かつては大量に穫れる鮭漁業と缶詰加工場がこの地域の主産業となり、日系人をはじめさまざまな国の人々がここで働くためにやって来て、西海岸で最大の漁港として繁栄した時期もありました。しかし、時代の流れから缶詰加工業は次第に衰え、1990年代になると操業を止め消えていきましたが、スティーブストンは今でもBC州沿岸で最大規模の漁港です。史跡としてジョージア湾缶詰工場が残され、博物館として公開されています（P.146）。

　昔の漁師町の面影を強く残したこの地域一帯はのんびりとのどかな漁港の風情が漂います。映画やドラマの撮影にも多く使われるレトロでチャーミングな場所なので、今や世界中の人々が訪れる観光スポット。海洋生物に興味がある方は、この港から出発するホエールウォッチング（ザトウクジラやシャチなど）を試してみて！ 遭遇率は90％を超えるそう。またフィッシュ＆チップスや鮭のバーガー、クラムチャウダーなど新鮮なシーフードを使った料理が食べられるのも楽しみのひとつ。メインストリートのMonton St周辺から港にかけての一帯にはかわいいグッズショップが数軒あるので散策してみてください。

🚃Ⓜ️カナダライン「Richmond-Brighouse Station（リッチモンド-ブリッグハウス駅）」（ダウンタウンの「Vancouver City Centre Station（バンクーバー・シティ・センター駅）」から24分）から401・402・406・406番バスで約20分（「Chatham St@2nd Ave」や「Monkton St@No.1Rd」などで下車）

©Tourism Richmond

1 桟橋周辺にはレストランが立ち並び、波止場の雰囲気の中でシーフードが楽しめる。2 缶詰工場博物館には魚を捕る漁師の様子が実物大の模型で再現されている。3 ビジターセンターと郵便局を兼ねた建物。トイレあり。Moncton StとFirst Aveの角。4 この看板の下が撮影スポット。5 桟橋デッキの上にはおみやげもの屋さんが軒を連ねている。

Gulf of Georgia Cannery

[ガルフ・オブ・ジョージア・キャナリー]

博物館

©Destination Britsh Colunmbia

漁業博物館で日系人の歴史を知ろう

　古くからの日系人が多く住むスティーブストンの歴史を語るうえで欠かせないのが漁業。その歴史の一部をこの博物館で知ることができます。

　1894年に魚の缶詰工場として建てられた建物では、かつてスティーブストンに住む多くの日系人の女性たちが働いていました。建物の奥は水揚げする魚を直接工場に入れるために港とつながっており、その作業工程を当時のままに保存してある工場ラインに沿って見学することができます。鮭漁の船内を再現しているコーナーや、ボイラー室だった場所がミニシアターとして公開されているなど見応えがあります。川に打った杭の上にあるので冬から春先にかけては大変寒いです。しっかり防寒して行きましょう。

12138 Fourth Ave, Richmond
☎(604)664-9009
●10:00〜17:00、10〜1月の祝祭日休
⑤大人$11.70、17歳以下無料
gulfofgeorgiacannery.com
🚌402・407番バス「Eastbound Chatham St @ 4th Ave」から徒歩3分
MAP P.14 / A-1
◎無料英語ツアーガイド(約40分)あり。日本語が可能な場合もあるので事前に電話で確認を

1当時のまま再現されている缶詰加工の製造ライン。2展示室の天井には、魚のレプリカが順路を示しているのがユニーク。3建物に入ったすぐ左手の壁には当時の写真が等身大で展示されている。4このすぐそばにフィッシュ&チップスの水上売店あり。黄色いパラソルが目印。5年代ごとの日系人の歴史が書かれた円形のパネル。

イギリスの影響を強く受けているBC州には素敵な園芸店が多い。

Prickly Pear Garden Centre

[プリィクリー・ペア・ガーデン・センター]

ショップ（園芸用品、雑貨）

カナダ・ケベックのハンドソープ（$9.99）は糸杉とライムのさわやかな森林の香り。

12311 No.1 Rd, Steveston
☎(604)241-4717
🕐9:00〜21:00（土日曜と秋〜冬18:00）、年末休
www.pricklypear.ca
🚌402・413番バス「Northbound No. 1 Rd @ Moncton St」から徒歩2分
MAP P.14 / A-1

わくわくするガーデニングショップ

　真っ赤なドアを開けると、そこはまるで魔法の国のように心おどる小物が所狭しと飾られた別世界が広がります。実は園芸用品店なのですが、店内の半分はギフトショップになっていて、おみやげ探しにもぴったり。棚から棚へ見ていけば女心をくすぐる小物がたくさん並んでいます。

　奥のレジカウンターにはぬいぐるみと見間違えるぐらいかわいい猫ちゃんが店番しています。ち

ょこっと撫でてまた店内を散策。レジの前のドアから庭に出ればそこはプランターの販売エリア。ぐるっと眺めてまた店内へ、と彷徨うのも楽しいお店です。

　おすすめはメイド・イン・カナダのハンドクリーム（$12.99）とハンドソープ（$9.99）。ラベンダーとオリーブ、レモンとシーソルトの組み合わせなど香りもリッチです。

クリスマス前はオーナメントやギフト商品が豊富に揃う。

素朴なぬいぐるみやキャンドル、マグカップなどカントリーテイストの小物も。

玄関のインテリアに最適な鋳物のプレートやラックは約$10。

いかにもカナダの田舎町っぽい店内。宝探しのように掘り出し物を探そう。

1 ハンドメイドのアクセサリーもいろいろ。天然石を使ったものが多いのもカナダっぽい。**2** 蜂蜜農家Urban Beeの製品。バンクーバー島の豊かな花畑で採取している。**3** BC州のふたりのママのブランド「Twine Abode」のバスソルト（$14）。

Scout & Co

[スカウト・アンド・コー]　ショップ（カナダ産雑貨）

メイド・イン・カナダの専門店

スティーブストンの中心部にある雑貨店。店内の商品はすべてBC州あるいはカナダ国内でつくられたプロダクツばかり。バンクーバーでもこれだけの地元製品が揃っているところは稀です。

Tシャツはもとより自然石を使ったチャーミングなアクセサリーやペーパーグッズ、小物やバスソルトなどのコスメティック製品やキャンドル、ハチミツやチョコレートなどの食品も充実。さらに、地元スティーブストンのヴィンテージグッズなども揃います。ここはアーティストたちが自分たちの作品を持ち込んでの委託販売も行っているそう。カナダ製のものを見つけたいなら、このお店がおすすめです。きっと素敵な一品が見つかりますよ。ステンシルのワークショップなどもあるので興味のある方はHPでチェック！

#130-3651 Moncton St, Richmond
☎(604)285-0111
🕐11:00（日曜12:00）〜17:00、冬期は不定休
www.scoutandco.ca
🚌402・413番バス「Northbound No. 1 Rd @ Moncton St」から徒歩3分
MAP P.14 / A-1

オーナーが作品をつくったアーティストのストーリーも教えてくれる。

Nikaido

[ニカイドー]　ショップ（文具、茶葉、雑貨）

洗練された文房具や雑貨が見つかる

　1988年創業のスティーブストンでは老舗の商店。もともとは文房具店のようですが、お茶グッズが充実。地元リッチモンドでつくっているオリジナル茶葉ブランド「NIKAIDO TEA」も。さらに、日本の番茶や深蒸し、煎茶をはじめ、Kusumi、Wedgewoodなど海外のものも扱っています。

　そのほかiittalaやKINTOなどのテーブルウェア、日本香堂を含むフレグランスやソープ、LAMYやStabilo、Rhodiaなどの文具など、女性が好きなものがコーナーごとに揃っています。オーナーのさりげない趣味の良さが一つひとつの品物に感じられて、いつの間にか長居をしてしまいます。スタッフもとても感じが良くて親切。ロイヤルドルトン（イギリスの陶磁器）の器が25％オフになっていたりと、思わぬ掘り出し物も見つかるお店です。

1 オーナーのチョイスで選ばれたボディクリームやソープの海外ブランド製品。**2** センスあるカードやメモ帳、インク、万年筆などセレクトが楽しい。**3** イギリス風の趣がある店構え。

150-3580 Moncton St, Richmond
☎(604)275-0262
🕐10:00～17:30（金曜18:00）、土日曜11:00～18:00、一部祝祭日休
www.nikaidogifts.com
🚌402・413番バス「Northbound No. 1 Rd @ Moncton St」から徒歩3分
MAP P.14 / A-1

日本茶から中国茶、紅茶、ルイボス、デカフェ、チャイまでずらりと茶葉が並ぶ。

Outpost Mini Donut Company

[アウトポスト・ミニドーナツ・カンパニー]

ショップ（ドーナツ）

カナディアンの郷愁ミニドーナツ

　幼い頃のフェスティバルの屋台の味としてカナディアンの心に刻まれているドーナツが楽しめるお店。クリームのトッピングは日本人には少し甘すぎるかもしれないので、シンプルなシナモンシュガー味がおすすめです。何でもない平凡なドーナツですが、そんな郷愁あふれるミニドーナツを口に放りこんでカナディアン気分を味わってみませんか？　6個（＄5）から買えるので、散策していて小腹が空いた時にぴったりです。

　小さな店内はスティーブストンらしいレトロな内装。2階建ての建物の木造の外階段の下、ちょっと奥まったところにあるので一瞬分かりにくいですが、赤い窓枠のガラスに「MINI DONUTS」と書いてあるのですぐに見つかります。

■1 すぐ食べるなら紙のコーン、持ち帰りならボックスに入れてくれる。■2 店内のディスプレイもレトロでかわいい。■3 この赤い窓が目印。

12240 Second Ave,110, Richimond
☎ (604)448-0005
🕐 11:30〜18:00、一部祝祭日休
outpostminidonutco.com
🚌 402・413番バス「Northbound No. 1 Rd @ Moncton St」から徒歩5分
MAP P.14 / A-1

カラフルなスプリンクルをふりかけたバニラやメープルアイシングのミニドーナツ。

明るくチャーミングな店内。

テイスティング・フライト4×6オンスは
$9〜。

エントランスのストライプのパラソルや手
入れの行き届いた植え込みが目を引く。

海風を感じながらの休憩にぴったり。

Britannia Brewing

[ブリタニア・ブリューイング]　`ブリュワリーレストラン`

海のそばの地ビールカフェレストラン

　スティーブストンでホッとひと息つける小さな一軒家レストラン。ブリュワリーですが、エスプレッソやオレンジジュース、食べ物もバーガー、サンドイッチ、クレープ、クラムチャウダー、サラダやパスタなど充実。私もスティーブストンに行ったら必ず立ち寄ります。自家製クラフトビールの種類はペールエール、ブロンドビール、IPA、セゾンビール、ライ麦ポーターなど。これにスポット的に新作が加わります。ビールの特徴はどれもやや軽めで飲みやすく、薄いながらもコクのある味わいです。

　お天気が良ければパティオになっている前庭のテーブルがおすすめ。海の近くのブリュワリーでのんびりとおいしいビールを楽しんでみてください。BC州のワイン（P.165参照）もグラスでいただけます。

3771 Bayview St, Richmond
☎ (604) 273-9379
🕐 11:00〜22:00、一部祝祭日休
www.britanniasteveston.ca
🚌 402・413番バス「Northbound No. 1 Rd @ Moncton St」から徒歩4分
`MAP` P.14 / A-1

港町ならではの水上デッキのレストラン。

ジャガイモがごろごろ入ったシーフード・クラムチャウダーは食べ応えあり。

フレンチフライ付きBBQバーガー（$17.25）。

海辺のレストランは人気なので、オフシーズンでも要予約。

Blue Canoe
Waterfront Restaurant

[ブルー・カヌー・ウォーターフロント・レストラン]

レストラン（シーフード）

漁港の海上レストランでシーフード

　スティーブストン港に突き出したベイビュー桟橋の上にあるシーフードレストラン。目の前で獲れた海の幸と、できる限り地元リッチモンドで採れた野菜をふんだんに使ったシーフード料理を堪能できます。海側はガラス張りになっていて、海を近くに感じながらいただく食事は格別。

　クラムチャウダー（$11.95）は、アサリやムール貝、サーモンなどが入っていて、満足感たっぷり。カナダのサーモンが食べたい！という方にはサーモンバーガー（$20.50）にトライしてみてください。BC州産のワインや、カナダのクラフトビールも10種類以上から選べるなど、アルコールも豊富。かなりの人気店なので事前に予約していくか、当日入り口で予約をしたあとに周辺を散策しながら待つのがおすすめです。

3866 Bayview St, Suite40 Richmond
☎(604)275-7811
🕐11:30～22:00、一部祝祭日休
www.bluecanoerestaurant.com
🚌401番バス「Eastbound Chatham St @ 3rd Ave」から徒歩5分
MAP P14 / A-1

Kirin Restaurant

[麒麟レストラン（リッチモンド店）]

リッチモンドで飲茶を

　スティーブストンに行く際スカイトレインからバスへの乗り換えで通るリッチモンドは、約10万人のチャイニーズが住む街。なかでも地元のチャイニーズの強い支持を集める絶品の飲茶を楽しめるのが麒麟のリッチモンド店。

　飲茶タイムは10時〜14時半。まず出てくるお茶は基本ジャスミン茶ですが、ポーレイ茶やプーアル茶に菊を合わせたゴッポウ茶や紅茶のような香りのソーメイ茶（寿眉茶）などもオーダー可能です。

　おすすめはエビ餃子の蝦餃（＄5.68）、干し貝柱の腸粉（＄6.28）、蓮の葉で包んだ糯米（＄5.98）。北京ダックのように豚肉炒めを包む木須肉（ムシューポーク／＄28）。豉油皇炒麺（ソイソースチャオメン）は細麺焼きそば（＄20.50）。揚州炒飯（ヤンチャオ・チャーハン／＄20.50）など。予算はひとり＄40前後です。ランチタイムは平日も混むので予約は必ず。でなければ早い時間に行きましょう。

200 Three West Centre, 7900 Westminster Highway, Richmond
☎(604) 303-8833
🕐10:00〜14:30、17:00〜22:00、一部祝祭日休
www.kirinrestaurants.com
Ⓜカナダライン「Richmond-Brighouse Station（リッチモンド-ブリッグハウス駅）」から徒歩5分
MAP P.7 / C-2

❶日本人に馴染みの深いエビ餃子とワンタンスープ、揚州炒飯はホッとするやさしい味。❷焼売（＄6）、もち米の蓮の葉蒸し（＄6.25）、チャーシューの蒸しパン（＄6.50）など。❸エビと特選野菜の炒め物。飲茶メニューは季節によって変わる。❹2階にあるので窓から明るい日差しが入り、ゆったりと時間をかけて飲茶が楽しめる。

カナダの田舎町を体感しよう

Fort Langley

[フォートラングレー]

　バンクーバーから南東に約45km、人口わずか3,400人ほどの田園と古き良き時代の町並みが広がる小さな田舎町。その昔、ビーバーの毛皮交易で栄えた地域で、今でもその毛皮交易所が国定史跡として保存されています。

　現在は古い建物を修復したり昔の駅舎や砦を保存、この地域のほぼすべての建築物は規定の外観ガイドラインに沿って建てられており、フランチャイズの店はほとんどなく、オーナー自身が経営する小売店が多いのも大きな魅力。そんな町の努力によりのどかな環境は保たれ、その町並みがテレビや映画、CMの撮影にもよく使われています。周辺にはクランベリー畑が多く、毎年10月のサンクスギビングデー（感謝祭）前にクランベリー・フェスティバル（P.164）が開催されます。この時期に行くと町全体がお祭りムードで盛り上がってイベントもたくさん行われていて楽しいのですが、交通機関も大変混むのでご注意を。

　町は、南西から北東へのびるGlover Rdを中心に、ランドマークのコミュニティ・ホールの辺りから川辺の方向の約500mに店が集まっています。交差するMavis Aveにもチャーミングな店は多いです。なお、交差点そばにある小さな駅舎（CNR Station）の前の線路は行き止まり廃線なので、線路に下りて赤いトロッコにまたがって写真撮影ができますよ。

🚌Ⓜエキスポライン、ミレニアムライン「Lougheed Town Centre Station（ライード・タウン・センター駅）」から徒歩4分の「Lougheed Station@ Bay 8」で555番バスで「Port Mann Exp/Carvolth Exchange」へ。さらに562番バスに乗り換え、「Eastbound 96 Ave @ Glover Rd」下車（ダウンタウンから約1時間50分）

1 ポップ・アップ・パークにはカラフルなパラソルのディスプレイ。2 カフェや工房が集まったガソリン・アレー（Gasoline Alley）の一角。3 ウェンデルズ・ブックストアの店内にもカフェがある。4 フォートラングレー・コミュニティ・ホールは町のランドマーク。5 映画セットのようなCNR旧駅舎。廃線の向こう側には本物の貨物列車が通る。

シャビーな外観の建物のなかは、マニアにはたまらない宝の山。

Village Antiques Mall

[ヴィレッジ・アンティーク・モール]

アンティークモール

アンティークモールでお宝探し

　フォートラングレーへ行ったら、ぜひ覗いていただきたいのがこのアンティークモール。アンティークやヴィンテージ、レトロな雑貨や家具、衣類などを扱う業者が出店する2坪ほどのお店が、60軒集まっています。ビクトリア調をイメージしたラブリーなものもあれば、アメリカンレトロな生活雑貨など、ジャンルも玩具から衣装、レースや食器、看板まで多岐にわたっており、見てまわるだけでも楽しめます。

　入場は無料。気に入った掘り出し物があれば建物入り口のカウンターで精算します。交渉すれば少し値引いてくれる場合もありますよ。梱包は新聞紙で軽く包んでスーパーのビニール袋のようなものに入れてくれるだけなので、いろいろ買う場合にはエコバッグなどを持参しましょう。

23331 Mavis Ave, Langley
☎ (604) 888-3700
🕐 10:00〜17:30、一部祝祭日休
villageantiquesmall.blogspot.com
🚶 フォートラングレー・コミュニティ・ホールから徒歩4分
MAP P.14 / B-2

カナディアンおばあちゃん風のレース（$10〜）や帽子、バッグがあふれる店。

狭い通路の両側に、ジャンル別に店が並んでいる。

歴代のコカ・コーラの瓶。1960年代のものは$24.95。

Livingroom

[リビングルーム]

ショップ（インテリア雑貨）

9190 Church St, Langley
☎ (604) 371-1187
🕐 10:30（日曜12:00）〜17:00、一部祝祭日休
www.facebook.com/livingroomhomedecor
🚶フォートラングレー・コミュニティ・ホールから徒歩4分
MAP P.14 / B-2

心地よい部屋づくりのためのアイテム

フォートラングレーで私のいちばんのお気に入りのお店。素敵なアクセサリーからくつろぎ感のあるインテリア小物、使うのが楽しくなるキッチングッズ、オーガニックのスキンケア製品や、香りのよいアロマキャンドルなど、女性ならほしくなってしまうものばかりが並びます。しかも、価格も良心的なのがうれしいポイントです。

オーナーのコートニー・ヴァン・ダー・ザームさんは、「自宅のリビングルームのようにくつろいだ雰囲気のお店をつくりたい」というコンセプトで2014年にこの店をオープン。いろいろなテイストに合わせた、心地よい部屋づくりを提案しています。彼女のセンスの良さが光る大人のためのセレクトショップです。

エントランスのクリスマスの飾りつけも個人宅のようなアットホームらしさ。

オーナーのコートニーさんが店頭にいるのでおみやげのおすすめなど相談できる。

直径4cm大のクロス型ネックレス（$36）。レザー紐なのでアジャストが簡単。

センスの良い雑貨が所狭しと並んでいてディスプレイも素敵。

TAP
True Aromatherapy Products and Spa

［ タップ ］ ショップ（アロマオイル）

本格的なアロマテラピーのお店

　大自然に囲まれているためか、フォートラング
レーにはヒーリング系のお店が何軒かあり、その
なかでいちばん大きいのがTAP。店内いっぱいに
広がるアロマの香りに包まれて、天然の成分を使
った癒し系アイテムが揃っています。

　オーガニックのエッセンシャルオイルは、約
100種類以上（5mlで$7〜200前後）。店内では、
それらを使ったアロマテラピーマッサージやリフ
レクソロジー（ともに30分$45〜）、ホットスト
ーンマッサージ（90分$140）、フェイシャルト

リートメントなどの施術も行っています。また、い
ろいろな効能から選べるオリジナルブレンドの茶
葉をはじめ、天然石のパワーストーンや、かわい
らしい刺繍が施されたコットンのブラウスまで、
乙女心をくすぐるグッズも。

140-9220 Glover Rd, Langley
☎(604)888-6800
🕙10:00〜18:00、一部祝祭日休
www.tapstore.ca
📍フォートラングレー・コミュニティ・ホールから徒歩3分
MAP P.14 / B-1

大自然のスピリチュアルな雰囲気の漂う店内には、カナダ先住民族のドリームキャッチャーも。

エッセンシャルオイルはテスターも多いの
で、お気に入りの香りを探してみて。

天然石（$3前後〜）は40種類以上揃う。

TAPオリジナルのラベンダーのブレンド
ティー（$7.80）。

Maven Fort Langley

[メイベン・フォートラングレー]

ショップ（アクセサリー・雑貨）

小さなカナディアンクラフトショップ

　手づくりのシンプルな細いリングや華奢なペンダントなど、カナダ人アーティストの小物やアクセサリー、カードが揃う小さなお店。旅の思い出として、自分へのおみやげにもぴったりです。バンクーバーの離島バンクーバー島のオーガニックスキンケアブランド「Wild Hill」も扱っています。

手づくりっぽいかわいい店内。壁の花柄は手描き。

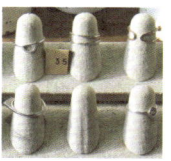 

さりげないデザインのリングは$16〜（ストーン付き$30前後）。

思わずほしくなる蜂や錨のペンダントトップ（$40前後）。

23343 Mavis Ave Langley
☎(604)771-9257
🕐11:00〜17:00、一部祝祭日休
📍フォートラングレー・コミュニティ・ホールから徒歩5分
www.instagram.com/mavenfortlangley
MAP P.14 / B-2

Cranberries Naturally

[クランベリーズ・ナチュラリー]

ショップ（クランベリー製品）

名物のクランベリーをおみやげに

　フォートラングレーは世界有数のクランベリーの大生産地。クランベリーは栄養価が高く、生では酸味が強いですが、カナディアンはこれをジャムやソース、ドライフルーツにして、一年を通して活用します。2019年2月に移転オープンしたこの店では、近郊で採れたクランベリーを使ったジャムやシロップ（$9）、ドライクランベリー（1袋$13）などあらゆる製品が揃っています。

パンにつけたり、紅茶に入れたりサラダにも使えるクランベリーシロップ。

クランベリーからつくられたリップクリーム（$6）クランベリー石鹸（$6）。

クランベリーチャツネはカレーの風味付けとして使う。

9124 Glover Rd, Langley, BC
☎(604)888-1989
🕐11:00〜17:00、一部祝祭日休
www.cranberriesnaturally.com
📍フォートラングレー・コミュニティ・ホール近く
MAP P.14 / C-1

159

カラフルなお菓子が並ぶ店内は、見ているだけでもワクワクしてくる。

In to Chocolate
Candy & Confections

［ イン・トゥ・チョコレート・キャンディ・アンド・コフェクションズ ］

ショップ（スイーツ）

180-9220 Glover Rd, Fort Langley
☎(604)881-2232
🕐10:30～20:00、日・月曜11:00～19:00、一部祝祭日休
intochocolate.ca
📍フォートラングレー・コミュニティ・ホールから徒歩3分
MAP P.14 / B-1

ノスタルジックなお菓子の世界

　子どもはもちろん、大人になってもお菓子が大好きなカナディアンに愛されるお店。ノスタルジックな店内はまるで古き良き時代の映画のワンシーンのようです。並んでいるお菓子もレトロなものがほとんど。

　店内のキッチンでオーナーのダグさんがつくるファッジ（砂糖とバターと牛乳でできた甘～い砂糖菓子）はカナディアンにとっては小さい頃に食べた懐かしの味。キャラメルコーン（$5.99）、笛菓子（$1.75）、いろんな味の棒キャンディ（$0.40）、バラ売りキャンディは1個$2.45。大人向けにはプラリネチョコ（$2～3）も。おみやげ用に袋入りチョコ（$7～8）も売っています。親子連れで来る近所の常連さんは、子どもたちよりママのほうがお気に入りのご様子でした。

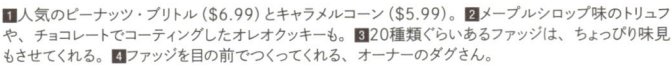

1人気のピーナッツ・ブリトル（$6.99）とキャラメルコーン（$5.99）。**2**メープルシロップ味のトリュフや、チョコレートでコーティングしたオレオクッキーも。**3**20種類ぐらいあるファッジは、ちょっぴり味見もさせてくれる。**4**ファッジを目の前でつくってくれる、オーナーのダグさん。

Little White House & Co

[リトル・ホワイト・ハウス・アンド・コー]　ショップ（フレンチスタイル雑貨）

フレンチシャビーな一軒家ブティック

　フレンチカントリーの一軒家セレクトショップ。店内に一歩足を踏み入れれば、女子力がアップしそうなラブリーな小物やフレンチスタイルの洋服があふれていて一気にテンションが上ります。1階奥にある、まるで小公女セーラになったような気分になる小さなサロンカフェでお茶するのも素敵。ランチやアフタヌーンティー（\$26）も楽しめます（席数が少ないのでサイトで予約して行ったほうが無難）。

　狭い木の階段を上って2階の売り場を見るのも忘れずに。古いホーローや陶器のボトル、リネンタオルなどキッチン用品のコーナーもまるでインテリア雑誌の世界。ひと部屋見るたびに思わず「かわいい♡」と言ってしまう、そして何かほしくなってしまう、誘惑のいっぱいのお店です。

9080 Glover Rd, Langley
☎ (604) 888-8386
🕐 10:30〜17:00、一部祝祭日休
littlewhitehouseco.com
🚶 フォートラングレー・コミュニティ・ホールから徒歩3分
MAP P.14 / C-1

■ ホーロー製品の素朴な魅力に心惹きつけられます。② 店の奥にあるサロン・カフェ。③ 店名どおりの小さな白い家。初夏にここでウェディングパーティーをするカップルも。④ 冬の営業中は暖炉が焚かれるなど、誰かの家にお邪魔するような素敵な感覚。

Sabà Café and Bistro

[サバ・カフェ・アンド・ビストロ] カフェ&ビストロ

ブルベリー＆
レモンとタイム
のバンズケーキ
（$9.50）。

自家ベーカリーの素敵なカフェ

フォートラングレーでも人気の高いカフェ＆ビストロ。自家製の焼き菓子やペストリー、おいしいカプチーノ（$4）でほっとひと息つきましょう。朝8時から営業しているので、遅めの朝ごはん、もしくはブランチもできます。ウッディでチャーミングなインテリアの店内は広くて居心地良し。歩き疲れたあとの休憩にもぴったりです。

お店の手前半分のカフェエリアで、ベーカリーとコーヒーで軽くすませることもできますし、奥のビストロでゆっくりと食事もできます（サーモンチャウダー$12など）。ラングレーっぽい素朴な雰囲気にほっこりしますよ。

アルコール類（ビール・ワイン各$7〜）もあるので楽しかった日帰り旅の締めに地元ワインで乾杯するのも素敵です。

23343 Mavis Ave, unit 102, Langley
☎ (778) 545-0024
🕐 8:00〜16:00（金土曜21:00）、月曜休
sabacafe.ca
📍フォートラングレー・コミュニティ・ホールから徒歩5分
MAP P.14 / B-2

店名のサバ（Sabà）は古いヘブライ語の「豊富な」が語源。

ベーカリーはだいたい$5〜10前後。

天然木とレンガを使ったおしゃれな店内。
奥にはベーカリー工房がある。

チャーミングな赤いテントが目印。

ビールのお供はチキンウィング（$15.5）とプーティン（$12）が最高！

Trading Post Eatery

[トレーディングポスト・イータリー] レストラン（ブリュワリー直営）

ローカルブリュワリーの直営レストラン

　街の中心部にあるブリュワリー経営のカジュアルレストラン。店内はカナディアンロッジ風で居心地よく、スタッフもとてもフレンドリー。近隣の食材を使ったオーソドックスなカナダ料理がいろいろあるので何皿か頼んでシェアするか、ビール片手にバーガー（$16〜）も。

　おすすめはカナダ東海岸の伝統料理のプーティン。近所の農家で採れたほくほくのジャガイモにチーズとソースがかかっていて、熱いうちにしっかりと混ぜて食べます。

　また、地元農家の鶏肉を使ったチキンウィング

も外せません。地元産のシャルキトリ（プロシュートやサラミなど）やチーズの盛り合わせプレート（$19.5）をカリカリのトーストにのせて食べるのも美味。農業の盛んなフォートラングレーの地産地消を楽しんでみてください。

9143 Glover Rd, Langley.
☎ (604) 343-2337
🕐 11:30〜22:00（金曜23:00）、土曜10:00〜23:00、日曜10:00〜22:00、一部祝祭日休
tradingpostbrewing.com/locations/taphouse-and-eatery
🚶 フォートラングレー・コミュニティ・ホールから徒歩1分
MAP P.14 / C-1

4種類の樽生ビールが楽しめるテイスティングセット（$8.50）。

ロッジ風の屋内の裏手にはビニールテントで囲ったパティオもある。

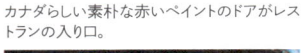

カナダらしい素朴な赤いペイントのドアがレストランの入り口。

真っ赤に染まるクランベリー畑の収穫の様子。

10月のクランベリー・フェスティバル

　フォートラングレーでは毎年感謝祭の前の土曜日に、町を挙げてクランベリー・フェスティバルが開かれます。クランベリーとはコケモモの実のこと。BC州は世界的にもクランベリー生産では上位を占める地域。なかでもここのフェスティバルは有名です。

　クランベリーの収穫は一風変わった方法で行われます。収穫時期になるとクランベリーの畑いっぱいに水をはってクランベリーの実を水面に浮かせ、それを収穫するのです。その景色は畑の水面が真っ赤になって圧巻。そうやって収穫されたフレッシュなクランベリーがこのフェスティバルで販売され、カナディアンは感謝祭の料理のターキー（七面鳥）に添えて食べるクランベリーソースをつくります。

　クランベリーはそれ自体では甘酸っぱくてあまり生食に向かないので、ジュースやジャムを

カナディアンにとってブルーベリーと並んで生活に身近な木の実。
©Kristine Lejniece

つくり、冬の天然のビタミン源としてきました。主に含まれるのはビタミンC、アントシアニン（ポリフェノールの1種）、食物繊維、フラボノイドなど。生活習慣病や花粉症に効果があるとも言われています。

　フェスティバル時期以外でもフォートラングレーにはクランベリーの専門店（P.159）でドライクランベリーやジャムなどの加工品が購入できます。

フェスティバル当日はミニコンサートなど街中でイベントが開催される。

感謝祭のターキー用ソースのほか、マフィンやスコーンなど焼き菓子にも使う。

焼き菓子、ジャム、ワインや雑貨などさまざまな模擬店でにぎわう。

カリフォルニア・ワインの影に隠れ、日本ではアイスワイン（凍結したブドウからつくられるデザートワイン）ぐらいしか知られていないBC州のワイン。実はこのBC州はオホーツク海と同じ北緯49度にありながらブドウの育成に向いた温暖な気候、また高緯度なため日照時間が長く、熟成したブドウができる条件が整っているのです。その恵まれたテロワール（生育環境）を活かして個性的なワインをつくりたいと考えるワイナリーが多く、環境やサステナビリティに配慮し、手作業で高品質なワインが生まれています。

BC州にはおもに5つの産地があります。全般的な特徴としてはクリーンな果実味とのびやかな酸味のあるワインが多いですが、オカナガン渓谷あたりはカナダ国内で唯一の砂漠地帯なので、力強さのあるワインも。赤ワインのブドウ品種はメルロー、カベルネ・ソーヴィニヨン、カベルネ・フラン、シラーズ、ピノ・ノワール、白ワインはピノグリ、シャルドネ、リースリング、ゲヴュルツトラミネール、ソーヴィニオン・ブランなどです。

BC州はワインもおいしい

プリティッシュコロンビア

©Tourism Vancouver /
Vision Event Photography

1 レストランに行ったらまずBC州産のスパークリングワインで乾杯はいかが？ **2** VQAのマークは、100%BC州のブドウでつくられたワインの証。**3** オカナガンではワイナリーツアー（$130前後～）も楽しめる。

©Tourism Vancouver /
Vision Event Photography

©Jill Wellington

ブリティッシュコロンビア州

アルバータ州

太平洋

バンクーバー

米国 ワシントン州

BC州の5つのワインの産地

1 Okanagan Valley
オカナガン渓谷

BC州最大のワインの産地。バンクーバーから内陸に入ったカナダ唯一の砂漠地帯に位置し、オカナガン湖と高い山に囲まれた渓谷。湖を見下ろすなだらかな斜面にブドウ畑が広がる。

2 Similkameen Valley
シミルカミーン渓谷

オカナガン渓谷に隣接するシミルカミーン渓谷は急斜面の山に囲まれた細長い渓谷。岩の多い山肌から放出される熱の効果で日没後も高い気温が保たれる。

3 Fraser Valley
フレーザー渓谷

バンクーバーから内陸へ入ったラングレー南部のエリア。大部分は平野で、7・8月はとても乾燥する。オーガニックの農園も多数。

4 Vancouver Island
バンクーバー島

バンクーバーからジョージア海峡を挟んだバンクーバー島。11月から4月にかけては降水量の多いが夏は非常に乾燥する。

5 Gulf Islands
ガルフ諸島

ジョージア海峡に点在する島々。マイルドな気候で、1800年代後半からはじまった果樹や園芸栽培が盛ん。近年ワイナリーが増えている。

©BC州にはBC VQA(Vintners Quality Alliance)」という独自のワインの品質管理協定システムがあります。VQAワインと認められるのは100%BC州のブドウでつくられたワインのみ。バンクーバーの最寄りのBCリカーストア（www.bcliquorstores.com）で買えます。

取材協力：東京／恵比寿ヘブンリー・バインズ（カナダワイン専門販売店／canadawine.yi.shopserve.jp）

バンクーバー旅のヒント

日本からバンクーバーへ

　日本からバンクーバーまでは、エア・カナダ、日本航空、全日空、アメリカン航空などが直行便を運航しています。成田からは日本航空とエア・カナダが毎日、羽田からは全日空が毎日、関西国際空港からはエア・カナダが夏季のみ、直行便を運航（2020年以降は未定）しています。飛行時間は東京、大阪とも約9時間。地方空港からは、ソウル、上海、北京、台北、香港などの経由便があります。また、成田や関西から、シアトル、ポートランド、サンフランシスコ、ロサンゼルス、ホノルルなど、アメリカを経由してバンクーバーへ飛ぶ便もあります（2019年夏現在）。

eTAの申請について
　カナダに6か月以内の滞在をする場合は査証（ビザ）が免除されていますが、カナダ・アメリカ国籍以外で、かつ空路で入国する場合は、航空機に搭乗する前にeTA（Electronic Travel Authorizations：電子渡航認証）が必要となります。
　カナダ市民権・移民省のHP（日本語あり）よりオンラインで申請可能で数分で取得できますが、ごくまれに関係書類を求められることがあり、その場合は数日かかるので、航空券を予約する前に済ませておいたほうが安心です。申請費用はひとり$7、有効期間は最長5年で、パスポートの有効期限がそれ以前の場合はパスポートの有効期限までとなります。
www.canada.ca/en/immigration-refugees-citizenship/services/visit-canada/eta/facts-ja.html

空港から市内へ

　バンクーバー国際空港からダウンタウンへは、タクシーもしくはスカイトレイン（後述）のカナダラインで。カナダラインで行く場合は空港からダウンタウンのBurrard Station（バラード駅）まで約25分（5:07〜24:56の間6〜20分間隔で運行）、終点のWaterfront Station（ウォーターフロント駅）はダウンタウンのいちばん北側です（大人$9.25、子ども$7.95）。タクシーならダウンタウンのホテルまで約30分（渋滞の場合は＋15分ほど）で、定額ゾーンレートなので$31＋チップ。

Tourism Vancouver Visitor Centre
（バンクーバー観光案内所）
　ダウンタウンのカナダ・プレイスの向かい。無料の市内地図やTransLinkのチケットなども入手可能。日本語を話せるスタッフもいるので安心。
200 Burrard St, Vancouver
☎ (604) 683-2000 / ⏰9:00〜17:00、一部祝祭日休
www.tourismvancouver.com 🗺P.9 / B-3

市内の公共交通 TransLink

　バンクーバー市内の公共交通はTransLink（トランスリンク）社がバス、スカイトレイン（電車）、シーバス（フェリー）を運営しています。どれも料金はゾーン制（移動距離）で共通です。ゾーンは3つに分かれ、1ゾーン（$3）はバンクーバー市内、2ゾーン（$4.25）は空港、リッチモンド、バーナビー、ウエストバンクーバー、ノースバンクーバーなど。3ゾーン（$5.75）はサレー、コキットラムなど2ゾーンよりさらに郊外。90分内なら乗り降り、乗り換え（バス→スカイトレイン→シーバスなども可能）は何度でもでき、ゾーンをまたぐ場合は追加料金（1→2ゾーン$1.25、1→3ゾーン$2.75、2→3ゾーン$1.50）を払います。1日券$10.50もあり（2019年夏現在）。

　また1週間程度の滞在で頻度高くバスやスカイトレインを利用する場合は電子カード「Compass Card（コンパスカード）」が便利。駅やロンドンドラッグ、ショッパーズ、セブンイレブンなどで購入できます。ただし、デポジットが$6かかり、解約時の返金はチャイナタウンの「Stadium-Chinatown（スタジアム-チャイナタウン駅）」のコンパス・カスタマー・サービス・センター窓口もしくはWaterfront Station（ウォーターフロント駅）のウエストコースト・エクスプレス・オフィスへ行く必要があります。

コンパスカード。1回券は白（紙）、チャージするタイプは青（プラスチック）。

　1回限りの紙のコンパスカード（90分有効）はデポジット不要で、バス、スカイトレイン、シーバスへの乗り換えもできます。ただし、バス車内で現金で購入した場合は90分内の乗り換えはバスのみとなるので要注意。

市内バス
　バンクーバー全域に路線があります。TransLinkのサイトのマップで路線をチェックできるので、目的地へ行くバスの番号と停留所を確認しておきましょう。バスは前から乗ります。乗車料金を現金で払う場合、釣り銭は出ないので前もって硬貨を準備しておきましょう。

　コンパスカードの場合は乗車時のみタップを。降車時にタップすると再度乗車したことになり追加でチャージされてしまいます。降車停留所が不安な場合は、目的地を書いたメモを運転手に見せるのがいちばん簡単で確実です。

スカイトレイン

無人運転の電車。ダウンタウンの北側のウォーターフロント駅を起点として南東のサレー市のKing George Station（キング・ジョージ駅）を結ぶ「エキスポライン」（写真）、バンクーバー国

際空港とリッチモンド市方面を交互に運行する「カナダライン」、VCC-Clark Starion（VCCクラーク駅）からコキットラム市のLafarge Lake-Douglas（ラファージ湖 - ダグラス駅）を結ぶ「ミレニアムライン」の3路線が走っています。エキスポラインのダウンタウンと、カナダラインの空港近く以外は地下、それ以外は高架を走ります。

コンパスカードで乗車する場合、バスとは違って乗る時も降りるときも必ずゲートでタップしてください。なお、治安上の理由から、駅にトイレはありません。

シーバス

ダウンタウンのウォーターフロント駅と対岸のノースバンクーバーのLonsdale Quay（ロンズデールキー）を運航する乗客専用フェリー。おおよそ15〜30分に1本の

運航。始発は平日・土曜は6:02、日曜は8:16から、最終はウォーターフロント駅からは平日・土曜は25:22、日曜23:16、ロンズデールキー側からは平日・土曜25:00、日曜23:02です。

アクアバスとフォールス・クリーク・フェリー

ダウンタウンのHornby Stを起点としてフォールス・スクリーク（入り江）内を運航する小型船アクアバスとフォールス・クリーク・フェリー。この2つはトランスリンクの運営ではないのでコンパスカ

ードは使えません。停泊するのは、グランビルアイランド、デビッド・ラム・パーク、スタンプスランディング、スパイグラス・プレイス、イエールタウン、プラザ・ネーションズ（BCプレイス・スタジアム方面）、オリンピックビレッジの8か所。料金は大体$6前後ですが、往復割引や1日券、また路線によって料金設定が違いますのでHPで確認を。

Aquabus（アクアバス） theaquabus.com
False Creek Ferries（フォールス・クリーク・フェリーズ）
granvilleislandferries.bc.ca

タクシー

タクシーは日本と違って流しがあまり通りません。ダウンタウンではホテルの入り口に行って乗るのが確実。タクシーがいない場合はホテルのド

アマンに言えば呼んでくれます。電話や各タクシー会社のアプリを使っても呼べます。夜、レストランへ行った帰りなどは必ずお店の人に呼んでもらいましょう。料金は日本より幾分安いです。

レンタル自転車

自転車をこちらではBike（バイク）と呼びます。グリーンな都市を目指すバンクーバーには通信会社Showが運営する「movi bike」というレン

タル自転車システムがあります。これは、無人の駐輪ステーションに置いてある自転車を自分で解除して30分使用したら最寄りの駐輪ステーションへ返却するというもの。ステーションはバンクーバー全域にあります。料金は24時間プラン$12、30日プラン$25など。契約期間中は乗り放題ですが、30分ごとに最寄りのステーションに一旦返却し、同じ自転車を再度入力して借りなければならず、30分未満に返却しなければ30分につき$6（30日プランの場合は$3）チャージされるのが難点。www.mobibikes.ca

スタンレーパークの入り口近くに、別の個人経営のレンタル自転車屋が何軒かあるほか、ホテルによっては宿泊客に自転車を有料で貸し出している場合もあるので確認してみてください。

便利な観光バス

バンクーバーの市内観光におすすめなのが「Hop-on Hop-off Bus（ホップオン・ホップオフバス）」。バンクーバーダウンタウン、スタンレーパーク、グランビルアイランドなど30か所の停留所で乗り降り自由。10〜15分間隔で走っているので、待ち時間もほぼなし。80分で巡回するシティルートと120分のパークルートの2路線があり、両方を上手く乗り継げばスタンレーパークからイエールタウンやギャスタウン、グランビルアイランドを簡単にまわることができます。始発は8:35で、最後のピックアッ

プバスは17:15発。ベーシックな48時間乗り降りチケットは大人$59、子ども（3〜12歳）$30。ほかにボートツアーやイブニングツアーなどのオプションあり。

westcoastsightseeing.com/hop_on/sightseeing_pass

お金とクレジットカード

通貨はカナダダル（$）とコインのセント（¢）。1カナダドル＝100セント。紙幣は$100、$50、$20、$10、$5、コインは$2、$1、¢25、¢10、¢5があります。¢1は廃止されたため端数は切り上げか切り捨てとなります。

両替をする場合は空港の両替所、街中の両替屋などがあります。ホテルでの両替（宿泊客のみ可能）はレートがあまり良くありません。なお、$100紙幣は使用を断られる場合があるので、なるべく$50紙幣以下で替えてもらいましょう。

カナダはクレジットカードがどこでも使えるので、あまり多額の現金は必要ありません。現金が必要な場面はホテルのチップ、一部の簡易食堂、ファーマーズマーケットやフードトラックなど（店の表に「Cash Only」と書いてある）。もっとも流通しているカードはVISAとMasterCard。AMEXは使えない場所もあります。JCBはほとんど使えません。クレジットカードに海外旅行の保険が自動的に付いているかどうか確認しておきましょう。

チップについて

カナダはチップを必ず払うシステムの国です。レストランやカフェなどでは15％〜、良いサービスをしてくれたら20％を加算します。チップは税が加算される前の金額に付くものなので、税込の合計額に加算しないように気を付けましょう。クレジットカードで支払う場合は支払機に％か金額か選ぶシステムになっているので間違えることはまずありません。フードコートやファーストフードのようなセルフサービスの店ではチップは不要です。

タクシーはだいたい15％（端数は切り上げか切り下げ）、スーツケースやキャリーバックなどをトランクに入れてもらった場合はコインを少し足してあげてください。ホテルでは荷物を運んでもらったら心づけを。ベッドの枕元に$2前後を置いて出かけるとお掃除がより一層きちんとします。枕元に置くときにひと言「Thank you♡」などと書いたメモの上に置いておくと気持ちが伝わります。

なお、チップの支払いを小銭整理に利用して少額のコインをザラザラと出したり置く行為は受け取る人を見下したことになります。なるべくしないようにしてください。

消費税について

バンクーバーはカナダの国の物品サービス税5％と州税7％の2つがかかります。これは処方箋の医薬品、一部子ども用品、生活必需品は低く、逆に酒税や宿泊税は高くなど細かく率が違います。一般的に5％＋7％＝12％と認識しておいてください。なお、海外旅行者への税金還付制度（免税手続き）は2007年4月以降廃止されています。

気候と服装

バンクーバーはカナダでありながらロッキー山脈とバンクーバー島の山々に挟まれているため気候は温暖です。ただ冬はほとんど雪が降らないかわりに日本の梅雨のように雨の日が多いです。

©Tourism Vancouver / Nelson Mouellic

春（3〜6月）: 春がとても長くて、日本の花冷えの頃のような温度がずっと続きます。気温は日本よりやや低めでスプリングコートのなかに薄手のカーディガンを着て出かけます。足元は3月末までブーツの人も多いです。

夏（7〜9月）: バンクーバーの夏は30℃を超えるのはほんの数日、日本の軽井沢のような避暑地の気候です。夏でも朝夕は冷えるので夜出かけるときには軽く羽織るものか薄手のストール、日中は日差しが強いのでサングラスがあるとベター。天気の良い日でも木陰はとくに涼しいです。なお、中華レストランはクーラーの効きが強いので羽織ものがあると安心です。

秋（10〜11月）: この時期からバンクーバーは雨がよく降りますが、日本の雨と違ってしとしととした霧雨が多いのが特徴です。カナディアンは少々の雨では傘は差しません。フード付きの衣服でフードをかぶってゆっくりと雨のなかを歩いています。またカナディアンは傘の先をとても嫌うので、人混みで傘を差す場合は傘の先が歩行者の目の位置にこないように配慮。雨に濡れた落ち葉は滑りやすいので歩く時に気を付けましょう。

冬（12〜2月）: この季節は雨が多く、降ったり止んだりするので折りたたみ傘は必携。風は弱く、寒いというより冷たい、まるで冷蔵庫のなかにいるような感じです。厚手のコートとマフラーやストールを首に巻いて、足元はブーツでしっかり防寒を。建物のなかに入れば暖房はしっかりと効いているので屋内では半袖で過ごす人もいるほど。ほんの数センチの積雪が1シーズンに1〜2回ぐらいです。

Wi-Fi事情

バンクーバーダウンタウンの中心部とその周辺地域には無料のWi-Fiスポットが約550か所あります。アクセスの詳細や地図は以下のURLからチェックできます。また、カフェやレストランなどにはフリーWi-Fiがあるのでパスワードが必要な場合はお店の人に気軽に聞きましょう。

tourismvancouver.com/plan-your-trip/free-public-wifi

電圧とプラグ

カナダの電圧は110〜120Vなので日本（100V）より少し高いですが、ドライヤーなど電化製品はカナダでそのまま使えます。コンセントの二股のサイズ幅も日本と同じので、電圧が110〜120Vに対応していれば、変圧器や変換アダプタは必要ありません。プラグの形は日本と同じAタイプ。

トイレ

バンクーバーは街のあちこちに小さな公園があり、公衆トイレがありますが、女性は衛生面や治安から、なるべくホテルやカフェのトイレを使うことをおすすめします。またスーパーマーケットやドラッグストアなど大型量販店にもトイレは必ずあり、トイレだけの利用も問題ありません。スターバックスなどカフェでもトイレは使えますが、空室時に鍵がかかっている場合は、カウンターで鍵を借りて使用します（防犯対策のため）。

どこのトイレも便座の衛生面が日本とは違うので、できれば中腰で使用、もしくは除菌スプレー、便座シートなど専用のグッズを携帯してください。便座の位置も日本とくらべてかなり高いです。

マナーについて

カナディアンは子どもの頃から公共でのマナーをしっかりとしつけられます。公共の場所でのドアは次の人が歩いて来ていたら支える、レストランやスーパーのレジカウンターでは店の人と目が合ったら笑顔を返す、レストランや店で支払うときや説明を受けたりなにかしてもらったら笑顔で「Thank you」という。カナダではお店の人とお客は対等の立場（人権の観点から）だと思ってください。日本のように「お客様は神様」とは考えません。

狭い通路で人と行き違う時やスーパーで人の前を横切る時は、小さな声で「Excuse me」と言って通路をあけてもらいましょう。行列に並ぶ場合は前の人との距離を日本より空けます。カナディアンは信号待ちの時もギリギリに立ちませんし、前の人にぴったりとくっついて立ちません。雨の日に赤信号で路肩ギリギリに立っていると車の勢いで水たまりの水をかけられる可能性があります。

レストランで

バンクーバーのディナーの時間帯はだいたい18時半〜21時ぐらいまで。レストランは基本的に予約が必要です。店に到着したら入り口を入ってスタッフが来るのを待って予約時間と名前を伝えるとテーブルに案内されます。注文や会計は、案内係とは別のテーブル担当者に申しつけましょう。夜遅くなった場合は安全のため公共交通機関は使わず、レストランでタクシーを呼んでもらいましょう。

パブやバーでの飲酒は19歳から。日本人女性は年齢が若く見られがちなため、身分証の提示を求められる場合があります。パスポートを携帯しましょう。

ショッピングについて

店舗の営業時間はまちまちですが、日没時間の影響で、夏は閉店時間が21時近くなる店もあれば、冬は18時頃には閉店する傾向あり。日曜日は平日より短くなります。

バンクーバーは環境保全の観点からレジ袋の撤廃を目指して、2019年時点ではホールフーズなどは紙袋、セーフウェイなどプラスティックレジ袋を使っている店舗では有料（$0.05〜0.25前後）となっています。最近ではレジ袋を持っているとちょっぴり恥ずかしい感じも。日本からエコバッグを持ってくるか、こちらのスーパーで買い物ついでに購入するのがおすすめです。

洋服のサイズは、日本の7号がこちらの0〜2、日本の9号がこちらの4〜6、11号が8〜10です。ただしカナダの服はウエストやヒップがぴったりと身体に沿うようにデザインされているので、ゆったりめが着たい場合は1サイズ大きめを選びましょう（袖丈も長くなる）。

靴は日本の23cmがこちらの5.5です。この場合も骨格の違いから足の長さはぴったりでもカナディアンやチャイニーズは足の幅が細いので、靴のデザインによってハーフサイズ大きめのほうが合う場合も。

カナダでは商品購入後の返品が可能です（セール品は対象外）。返品時に必要なものはレシートと買った時と同じ状態の商品なので、タグは付けたまま、レシートや袋もとっておきましょう。

バンクーバーで気を付けたいこと

自転車レーン

バンクーバーは車社会から脱却するために自転車の利用を推進しています。そのため至るところに自転車優先レーンがあり、そこはかなりのスピードで自転車が通ります。自転車レーンを横切るときは左右をよく見て横断を。またうっかりレーン内に立たないように気を付けてください。なお、こちらの自転車はベルが付いていません。

煙草とマリファナ

バンクーバーは喫煙を制限する条例があります。公共の建物やほとんどの企業建物内、窓や吸気口、出入り口のドアから6m以内での喫煙は禁止されています（罰金は最高$10,000）。また、公園、ビーチ、遊歩道も禁止されています（罰金は＄250〜）。

2018年10月よりカナダではマリファナが合法となりました。あらゆるところにマリファナを販売する店があります。日本ではマリファナは大麻取締法により大麻の所持・譲受（購入を含む）等については違法とされ、処罰の対象となっています。たとえ海外で旅行中であろうとも手を出してはいけません。

マリファナはこちらでは「marijuana」「cannabis」「weed」「pot」などと表記されます。これらの言葉が書いてある店にうっかり入店しないようにご注意を（一見おしゃれな外観のショップもあるので気を付けて！）。

お酒について

バンクーバーでは日本のようにコンビニや自動販売機でお酒は売っていません。州の認可を受けたリカーストアや店舗のみで販売しています。購入時には年齢確認のためパスポートなど身分証明の提示を求められる場合があるので必ず持参しましょう。また屋外での飲酒は厳しく禁止されています。お酒のボトルを持ち運ぶ場合は剥き出しではなく、紙袋などに入れましょう。

治安について

北米では比較的治安が良いと言われているバンクーバーですが、それでも日本とくらべると数倍危険です。とくにダウンタウンのギャスタウンとチャイナタウンの間の地域、E Hastings Stとその周辺は非常に治安が悪いので足を踏み入れないように十分注意してください。夜中に女性ひとりで歩くのはおすすめしません。

バンクーバーの道路は一般道路に並行してごみ収集車や業務用車両が通行する裏道があります。近道だと思って入らないようにしましょう。裏道は大きなごみ箱や電線があるので見ればすぐに分かります。

カナダでの緊急時専用電話

911 ※警察（police）か、救急車（ambulance）か、消防（fire）かを聞かれる

在バンクーバー日本国総領事館

（Vancouver Consulate-General of Japan）
900-1177 W Hastings St, Vancouver
（黒いビルの9階が受付）**MAP** P.8 / A-2
TEL：(604) 684-5868　FAX：(604) 684-6939
◗9:00〜12:00、13:00〜16:30、土日曜休
www.vancouver.ca.emb-japan.go.jp/itprtop_ja

スリと置き引き

道路で道や時間を聞かれたら要注意。ホテルや図書館のなかでも置き引きが多発しています。レストランでもバッグを身近に置きましょう。また、バスの車内はスリが多いです。リュックの場合はジッパーをきちんと閉めましょう。ただ、ローマやパリのような集団で被害者を囲んでスリを行う手口はあまり聞いたことがありません。

病気になったら

ホテルに滞在の場合は、フロントに連絡して対処をお願いしましょう。または最寄りのウォークインクリニック（予約なしに受診可能な病院）を聞いてそちらへ。英語に不安がある場合は日本語で医療サポートしてくれる会社（Trans Med／transmedcanada.comなど）に連絡してみるのも良い方法です。その場合は持っているクレジットカードに付帯している保険会社と、カバーする上限金額を前もって調べておきましょう。医療通訳会社を使った場合、医療費もその会社が立て替え、保険への請求手続きもすべて行ってくれるので、キャッシュレスで受診できます。

個人で診察を受ける場合はクリニックでいったん医療にかかった費用を払って領収書をもらっておきましょう。それを日本へ持ち帰り、保険会社に自分で請求を行って還付してもらってください。

クリニックへ行くほどではない場合には最寄りのロンドンドラッグ（P.59）などのドラッグストアの薬局部門のカウンターで症状を話すと市販薬を選んでもらえます。

カナダの祝祭

1月1日	New Year's Day（元旦）
2月第3月曜日	Family Day（ファミリーの日）
3〜4月の金曜日（変動あり）	Good Friday（聖金曜日）
5月第3月曜日	Victoria Day（ビクトリアデー）
7月1日	Canada Day（カナダ建国記念日）
8月第1月曜日	B.C. Day（BC州の日）
9月第1月曜日	Labour Day（勤労感謝の日）
10月第2月曜日	Thanksgiving Day（収穫感謝祭）
11月11日	Remembrance Day（戦没者追悼記念日）
12月25日	Christmas Day（クリスマス）

※祝祭日は普段よりも営業時間が短くなる。クリスマス当日はほぼ全店休業

バンクーバーの歴史

先住民の時代とヨーロッパ人の入植

　バンクーバーという地名はイギリス探検家ジョージ・バンクーバー（George Vancouver）の名前に由来します。

　数千年も昔からジョージア海峡に続くフレーザー川の河口域であるバンクーバー周辺には、先住民族のマスキーム族とスクアミッシュ族、ツレイルワスス族が居住し、独自の文化を築いていました。1792年にイギリス海軍のジョージ・バンクーバー提督がバンクーバー島からジョージア海峡を探検。ラッコの毛皮交易がはじまり、ブリティッシュコロンビアの内陸部までヨーロッパ人の入植が進みました。同時にヨーロッパ人が持ち込んだ天然痘などの疫病で、免疫を持たない先住民族は次々と病に倒れ、集落単位で消滅するほど大きな打撃を受けました。

北太平洋の海の玄関口としての発展

　1858年、フレーザー川の下流に金鉱が発見されてゴールドラッシュがはじまり、その年にイギリスの植民地となりました。その後ゴールドに代わって林業が盛んになります。1867年、カナダがイギリスより独立して自治領となり、4年後にはブリティッシュコロンビアも加盟して正式に州となりました。1886年にバンクーバー市が施行され、大陸横断鉄道が開通。が、同年に大火事で市街地の大部分が消失します。その後、大陸横断鉄道により北太平洋の重要な海の玄関口として復興。ギャスタウンは街の中心として栄えました。

移民と共にマルチカルチャーな都市へ

　1986年、バンクーバー国際交通博覧会（Expo86）の開催に合わせてスカイトレインが運行開始。自然環境、治安、教育など、都市としてのバランスの良さから、世界中からの移民が増え、香港の中国返還前には香港系中国人が多く移民してきました。さまざまな国から難民も多く受け入れており、1971年にカナダが世界ではじめての「多文化主義政策（multiculturalism）」を導入。民族や人種の多様性を尊重し、人々が平等に社会参加できるという政策がこの街にもしっかりと浸透しています。世界中で民族の対立による紛争が絶えない現在、カナダ、そしてバンクーバーは均整のとれたモザイク社会を着実に展開しています。

● 見る・楽しむ　　● 買う　　● 食べる・飲む　　● 泊まる

おわりに

　最初にこの本の執筆依頼をいただいたとき、本など書いたことのない私は何を
どうしてよいのか、戸惑いました。そんな私に編集の坂田さんは「自分の親しい友
人に、とっておきのバンクーバーを案内するというイメージで進めていっていただ
だければと思います。村上さんならではの切り口で、村上さんにしかできないバ
ンクーバー本をつくっていきましょう」と言ってくださいました。

　この街は私にたくさんのことを教えてくれました。　自然保護、動物愛護、人権、
近郊で採れる大地の恵み、それらがどんなに人間にゆとりを生み、癒やしてくれ
るか。私が感じるこの街の素晴らしさをスポット紹介とともに少しでも伝えるこ
とができればと思い、書きはじめました。

　が、実際にスタートしてみると、天候が悪くて撮影がままならなかったり、自分
の日本語力の衰えに悲しくなったり、何を書きたいのか分からなくなって弱腰に
なったりと、何度もくじけそうになりました。それを坂田さんは、ときには励ま
し、ときには厳しく、辣腕編集者として、ついにゴールまで引っ張ってきてくれ
ました。この本を完成させることができたのもひとえにイカロス出版の坂田藍子
さんのご尽力の賜物と感謝しております。あと、主人にも感謝。

　私の大切な友人にバンクーバーが大好きな女性がいます。彼女は忙しい仕事の
合間を縫ってここに遊びに来ます。毎回到着したばかりの彼女はとても疲れてい
てピリピリしたオーラを出しています。それがほんの数日バンクーバーを満喫し
て帰国の途につく頃には、リフレッシュしてのびやかな表情に変わります。この
本を片手に飛行機に乗るあなたの旅が、その友人と同じように素敵なものになれ
ば、こんなうれしいことはありません。そして帰りの空港で「バンクーバー、楽し
かった。また来よう！」と思っていただければ幸いです。

最後に──

　若い頃、バンクーバーに語学留学した経験がある、もしくはワーキングホリデー
でバンクーバーに住んだことがある、そんなあなたにもこの本を通じて現在の
バンクーバーを見ていただきたいと思うのです。遠い日の懐かしい思い出と共に…。

村上 典子

©Mariko Evans

村上 典子
Noriko Murakami

岡山県岡山市生まれ。清心女子高等学校卒業。女子美術大学商業デザイン科中退。岡山でアパレルショップを数店運営する。岡山県立美術館にてボランティア活動を行う。娘の進学のためシングルマザーでバンクーバーへ移り自分も語学学校へ通う。たまたまアプライした永住権が下りる。日本人不動産業者と再婚。現在に至る。2012年から2016年までBC州観光局のHPでバンクーバーの現地レポート記事を担当。2007年から自身のブログ「バンクーバー不動産やのカバン持ち」を更新中。stessa2.exblog.jp

グリーンシティで癒しの休日

バンクーバーへ

文・写真　　村上典子 ⓒ Noriko Murakami

デザイン　　塩田裕之 (3シキグラフィックス)

マップ　　　ZOUKOUBOU

2019年8月10日　初版発行

著　者　　村上典子

発行者　　塩谷茂代

発行所　　イカロス出版株式会社
〒162-8616 東京都新宿区市谷本村町2-3
電話　03-3267-2766 (販売)
　　　03-3267-2831 (編集)

印刷・製本所　　図書印刷株式会社

旅のヒント BOOK

各A5判

新たな旅のきっかけが
きっと見つかる
トラベルエッセーシリーズ

◎お問い合わせ：イカロス出版販売部
TEL:03-3267-2766 https://www.ikaros.jp/

※定価は8%税込表記です。2019年8月現在

食と雑貨をめぐる旅
悠久の都 ハノイへ
定価1,620円（税込）

夢見る美しき古都
ハンガリー・ブダペストへ
最新版
定価1,728円（税込）

キラキラかわいい街
バンコクへ
定価1,728円（税込）

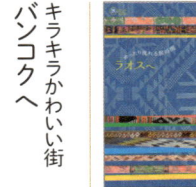
ゆったり流れる旅時間
ラオスへ
定価1,728円（税込）

カラフルなプラナカンの街
ペナン＆マラッカへ
定価1,728円（税込）

彩りの街をめぐる旅
モロッコへ
最新版
定価1,836円（税込）

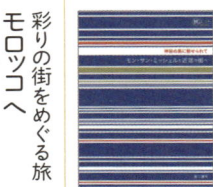
神秘の島に魅せられて
モン・サン・ミッシェル
と近郊の街へ
定価1,728円（税込）

素敵でおいしいメルボルン
＆野生の島タスマニアへ
定価1,836円（税込）

中世の街と小さな村めぐり
ポーランドへ
最新版
定価1,728円（税込）

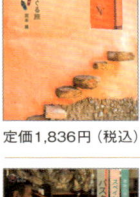
美食の街を訪ねて
スペイン＆フランス
バスク旅へ
定価1,836円（税込）

森とコーヒー薫る街歩き
ノルウェーへ
定価1,728円（税込）

おとぎの国をめぐる旅
バルト三国へ
定価1,728円（税込）

五感でたのしむ！
輝きの島 スリランカへ
定価1,728円（税込）

大自然とカラフルな街
アイスランドへ
最新版
定価1,728円（税込）

緑あふれる自由都市
ポートランドへ
最新版
定価1,728円（税込）

NYのクリエイティブ地区
ブルックリンへ
定価1,728円（税込）

ヨーロッパ最大の自由都市 ベルリン へ 定価1,728円（税込）
北タイごはんと古都あるき チェンマイ へ 定価1,620円（税込）
レトロな旅時間 ポルトガル へ 最新版 定価1,728円（税込）
アンコール・ワットと癒しの旅 カンボジア へ 定価1,728円（税込）
南フランスの休日 プロヴァンス へ 定価1,836円（税込）
絶景とファンタジーの島 アイルランド へ 定価1,728円（税込）
レトロな街で食べ歩き！ 古都台南 へ 定価1,620円（税込）
マーケットをめぐるおいしい旅 ベルギー へ 定価1,728円（税込）
太陽と海とグルメの島 シチリア へ 定価1,728円（税込）
心おどるバルセロナ へ とっておきのお店ガイド 定価1,728円（税込）
美しいフィレンツェとトスカーナの小さな街 へ 定価1,728円（税込）

甘くて、苦くて、深い 素顔のローマ へ 定価1,728円（税込）
モロッコのバラ色の街 マラケシュ へ 定価1,944円（税込）
トレッキングとポップな街歩き ネパール へ 定価1,728円（税込）
地中海のとっておきの島 マルタ へ 最新版 定価1,728円（税込）
かわいいに出会える旅 オランダ へ 定価1,728円（税込）
新しいチェコ・古いチェコ 愛しのプラハ へ 定価1,728円（税込）
アルテサニアがかわいいメキシコ・オアハカ へ 定価1,728円（税込）
ギリシャごはんに誘われて アテネ へ 定価1,728円（税込）
エキゾチックが素敵トルコ・イスタンブール へ 定価1,728円（税込）
イギリスのお菓子に会いに ロンドン へ 定価1,728円（税込）
ぬくもり雑貨いっぱいの ロシア へ 定価1,944円（税込）